"**Klara**" ist das Alter Ego von Barbara Schwartz. In ihren Glossen befasst sie sich sowohl mit den kleinen Geschehnissen ihres Alltags als auch mit größeren weltpolitischen Ereignissen. Mal heiter, mal ironisch, polemisch oder satirisch und mit unvergleichlicher Komik verführen die Glossen zm Schmunzeln oder auch zum lauten Lachen. Klara berichtet vom Älter werden, den Personalschwierigkeiten im Bundestag, dem Älter werden, der Bürokratie in Deutschland, Ereignissen, Begebenheiten, Episoden, die verwundern, amüsieren oder auch ärgern. Mit einem Postskriptum, dem P.S., am Ende jeder Glosse wird ein meist satirischer Schlusspunkt gesetzt.


**Barbara Schwartz** wurde 1949 in Hannover im Leineschloss geboren. Nach dem Schulbesuch folgte ein Lehramtsstudium und 1984 die Ausbildung zur analytischen Kinder- und Jugendlichenpsychotherapeutin. Sie war bis 2011 in beiden Berufen tätig, seitdem arbeitet sie ausschließlich als Psychotherapeutin in eigener Praxis.
Barbara Schwartz war schon immer kreativ tätig. Sie stand mit dem Kabarett Kaktusblüte auf niedersächsischen Kleinkunstbühnen, töpferte, schrieb Bücher, spielte Theater, wurde Clownin. Ihre „Galerie im Treppenhaus" ist mittlerweile ein beliebter Treffpunkt für kreative Menschen.
Barbara Schwartz ist in zweiter Ehe verheiratet und lebt mit ihrem Ehemann und ein oder auch zwei Katzen in Hannovers Südstadt. Sie hat eine erwachsene Tochter, die mit Ehemann und Kindern in Australien lebt.

Barbara Schwartz

# ... *Ihre Klara*
# *P.S. ...*

Glossen aus 10 Jahren

Bibliografische Information der Deutschen Nationalbibliothek. Die deutsche Nationalbibliothek verzeichnet diese Publikation in der deutschen Nationalbibliografie, detaillierte bibliografische Daten sind im Internet über http//dnb.dnb.de abrufbar

©2014 Barbara Schwartz
Illustrationen: Barbara Schwartz
Herstellung und Verlag
BOD – Books on Demand, Norderstedt
ISBN: 9783735794727

Ein ordentliches Buch braucht eine Widmung. So etwas wie: „Für meine Mutter", oder „Für meine Tochter" oder „Für meinen Hund". Das klingt immer so edel und dankbar und auf immer verewigt. Und der Autor, die Autorin, will damit ja auch jemanden ehren. Jemand, der oder die ihr oder ihm wichtig im Leben ist oder war. Ich möchte das deshalb auch tun.

Für (alphabetisch geordnet):

Alexander R., Alexander H., Astrid, Audry, Charly, Charlotte, Christian, Christoph, Christopher, Cristina, Edith, Emil, Ernst, Eva, Evelyn, Feline, Gaby, Gerd, Gisela, Hiltrud, Holger, Jannine, Judith, Kaki, Kassandra, Katrin D., Katrin S., Klara, Klara, Klasse 13 f1, Kolja, Kristin, Lasse, Lena, Lisa, Lore, Manu, Markus, Matthias, mich selbst , Nick, Nina, Noha, Rainer J., Rainer S.-D., Renate, Rita, Ruth, Tanja, Ulrich, Vanessa,Velasquez

Jetzt ist aber genug geehrt! Und mehr Namen passen sowieso nicht auf diese Seite.

**Ihre Klara**

*P.S.* Mit dieser Liste erspare ich mir das „Ich danke ...(ganz besonders, im Besonderen, herzlichst...)" am Ende des Buches.

## Das steht drin:

| | S. |
|---|---|
| **Wohin mit dem Fahrrad** (2004) | 10 |
| **Fernbedienungen** (2014) | 11 |
| **Flugzeugkleptomania** (2012) | 14 |
| **Übergewicht** (2009) | 15 |
| **Sparsamkeit** (2009) | 20 |
| **Moby Dick** (2005) | 21 |
| **Klassentreffen** (2007) | 23 |
| **Glatte Füße** (2010) | 25 |
| **Über das Fliegen** (2011) | 27 |
| **Rums** (2011) | 29 |
| **Bürokratie** (2011) | 30 |
| **Regen ist auch gut** (2012) | 34 |
| **Wohin mit dem Geld** (2013) | 37 |
| **Big Brother** (2013) | 39 |
| **Die E-Zigarette** (2011) | 42 |
| **Balkomania** (2005) | 44 |

**Falten sind gelebtes Leben** (2012)     46

**Das Heftpflaster im Bücherregal** (2011)     48

**Männliche Wechseljahre** (2012)     51

**Oldies steppen** (2011)     54

**TravellerInnen** (2011)     57

**Windwäsche und Körbchengröße** (2013)     61

**Zugreisen** (2012)     63

**Auf der Höhe der Zeit** (2006)     66

**Von Mäusen und Katzen** (2012)     67

**Die Bravo für SeniorInnen** (2009)     71

**Über das Glück** (2005)     74

**Du darfst dich nicht erwischen lassen** (2011) 76

**Depressionen** (2009)     79

**Dieser Sommer** (mehrere Jahre)     82

**Dieser Sommer Teil 2** (mehrere Jahre)     84

**Schwere Schulranzen** (2010)     85

**Düfte** (2010)     86

**Sylvester und Meer** (2008)     87

**Streicheln hilft- manchmal** (2008)          89

**Aus dem Leben einer Pensionärin** (2014)    91

**Telefonbanking** (2008)          93

**Müll** (2004)          94

**Noch eine Frau** (2010)          96

**Packen für Australien** (2010)          98

**Und was lesen Sie** (2007)          100

**RentnerInnen haben keine Zeit** (2011)    101

**Rücktritte und Nachfolge** (2012)          102

**Schnee** (2006)          104

**Facebook** (2009)          106

**Aufgespießt** (2010)          107

**Stubentiger** (2004)          109

**Über den Wein** (2006)          110

**„Unser Gerd"** (2005)          112

**Urlaubsstress** (2005)          113

**Vom Älterwerden** (2012)          116

**… es weihnachtet sehr** (2005)          117

**Wer einmal lügt ...** (2011)                  119

**Emotional engagiert** (2013)                 122

**Keine Barrierefreiheit bei der Wahl** (2013)    125

**Deutsche Gründlichkeit** (2013)            127

**Die Freigängerin** (2014)                   **135**

## Wohin mit dem Fahrrad?

Als ich in die Südstadt zog, war ich fest entschlossen Fahrrad zu fahren und mein Auto stehen zu lassen. Also schloss ich mein Fahrrad am Vorgartenzaun an, denn es sollte ja nicht gestohlen werden. Das ginge nicht, teilte mir jedoch mein Vermieter mit. Wenn mein Fahrrad dort stehe, dann ständen bald noch mehr dort, und dann ginge der Zaun kaputt. Das leuchtete mir ein. Mein Vermieter meinte, ich solle das Fahrrad doch in den Keller tragen. Das ginge bedauerlicherweise nicht, antwortete ich, weil der Keller voll sei. Also nahm ich für die Diebstahlsicherung den Laternenpfahl auf der anderen Straßenseite.

Zwei Wochen später rief mich die freundliche Dame von gegenüber an und sagte mir, das ginge aber nicht, dass ich mein Fahrrad an den Laternenpfahl anschlösse. Der Bürgersteig würde dadurch zu eng werden und vor allem Kinderwagen kämen nur noch schwer durch. Das leuchtete mir ebenfalls ein und ich nahm den Laternenpfahl an der Ecke. Das ginge nun aber gar nicht, teilte mir jemand wortlos mit, indem er die Ventile aus den Reifen herausdrehte.

Etwas frustriert rief ich die Grünen wegen eines Fahrradbügels an. Nein, das ginge leider nicht, dafür sei der Bürgersteig zu schmal, entgegnete man mir freundlich, aber bestimmt. Immer noch entschlossen, mein Umweltbewusstsein nicht aufzugeben, dachte ich über die Anschaffung von Inlinern nach. Als ich diese Lösung mit meiner Tochter erörterte, meinte sie, das ginge nun aber auf gar keinen Fall, dafür sei ich zu alt.

**Ihre Klara**

**P.S.** Jetzt habe ich meine alten Rollschuhe vom Boden geholt, die, die man sich noch mit einem Vierkantschlüssel unter die Schuhe schnallen muss. Das geht!

## Fernbedienungen

Mein Mann, der beste Ehemann von allen, hat zwei Fernbedienungen. Eine für den Fernseher und eine für den DVBT-Empfänger. Manchmal verwechsele ich beide und dann ist die gesamte Programmierung futsch und es dauert eine Weile, bis sie wieder hergestellt ist. Böse ist er deswegen nie. Er grummelt nur etwas und programmiert neu. Aber ich schimpfe ja auch nicht, wenn er im Autoradio diverse Knöpfe gedrückt hat, um einen Sender zu finden, und ich danach regelmäßig alles neu programmieren muss. Das kann ich dann, zugegebenermaßen leise fluchend, nur tun, wenn ich gerade im Stau stehe. Aber das geschieht ja auch nicht unbedingt selten.

Im Gegensatz zu meinem Autoradio traut sich der beste Ehemann von allen an meine Fernbedienungen jedoch gar nicht mehr ran. Ich habe nämlich sieben: Eine für das Licht im Wohnzimmer, eine für den Fernseher, eine für die Stereoanlage, eine für die Mediathek im Laptop, eine für den Laptop, eine für den Anrufbeantworter, eine für mein Tablet, nicht zu vergessen die Maus, die ja auch eine Art von Fernbedienung ist, das aber nicht so richtig, ebenso wie mein Autoschlüssel.

Die sieben Fernbedienungen liegen sauber aufgereiht auf meinem Wohnzimmertisch und eigentlich brauche ich mich gar nicht mehr bewegen, um eines der Geräte in Gang zu setzen. Vielleicht kommt daher auch das eine Kilo, das ich zugenommen habe. Früher musste ich ja immer laufen um den Fernseher anzustellen oder die Stereoanlage in Gang zu setzen. Und der Anrufbeantworter stand gar im Arbeitszimmer, was ja noch eine längere Strecke in Hinblick auf Bewegung bedeutet. Bewegen muss ich mich nun nicht mehr ohne Not, dank Infrarottechnik oder auch dank Bluetooth.

Damit ich die Fernbedienungen nicht verwechsele und Chaos bei der Programmierung auslöse, habe ich es mit diversen „All in one" Teilen versucht. Irgendwann hatte ich fünf, von denen aber keine mit all meinen Geräten funktionierte. Also liegen jetzt wieder sieben verschiedene dieser kleinen Helferlein nebeneinander auf dem Wohnzimmertisch. Dummerweise aber reagiert der Fernseher auch auf die Fernbedienung der Stereoanlage, nur eben nicht präzise. Wenn ich dann anfangs etwas verwechselt habe, dann – Sie ahnen es schon – wurden die Programmierungen ebenfalls durcheinander gebracht. Es hat mich immer viel Zeit gekostet, alles wieder herzustellen. Besonders für den Fernseher brauchte ich lange, bis ich alle Programme wieder in der richtigen Reihenfolge hatte.

Daraufhin habe ich die Fernbedienungen beschriftet. Mit Großbuchstaben, damit ich alles auch ohne Lesebrille lesen kann. Seitdem bediene ich alles richtig treffsicher.

Diese Fernbedienungen strahlen aber offensichtlich eine leichte Wärme aus, hervorgerufen durch die Batterien, mit denen sie bestückt sind. Ich spüre das nicht, aber offensichtlich meine Katze. Sie legt sich nämlich mit Vorliebe darauf. Das jedoch hat den Nachteil, dass gelegentlich unkontrolliert das Licht an und aus geht. Das ist ja vielleicht auch ganz nützlich, denn dann wissen eventuelle Einbrecher nicht, wann ich da bin, und wann nicht. Denn anders als mit der Zeitschaltuhr, die ja nur mit einer gewissen Regelmäßigkeit geschaltet werden kann, ist das An- und Ausschalten des Lichtes durch die Katze nicht vorhersehbar.

Kürzlich bin ich nachts jedoch hochgeschreckt, weil plötzlich der Fernseher und die Stereoanlage gleichzeitig in voller Lautstärke angingen. Die Katze ist vor Schreck durch die Katzenklappe geflitzt und ich war hell wach.

Daraufhin habe ich mir eine Fernbedienung gekauft, die den gesamten Strom im Wohnzimmer abschaltet. Das ist ja auch gut, weil dann auch kein Gerät mehr auf Stand by läuft. Aber die anderen Fernbedienungen können speichern, auf welchen Knopf gedrückt wird. Wenn ich dann morgens also den Strom wieder einschalte, laufen Fernseher, oder Stereoanlage, oder der Anrufbeantworter quäkt, oder auch alles gleichzeitig, je nachdem, welche Knöpfe meine Katze im Verlauf einer langen Nacht erwischt hat.

Gestern passierte es, dass ich mit dem Autoschlüssel, der ja auch mit Infrarot funktioniert, den Fernseher anschalten wollte. Das funktionierte glücklicherweise nicht, aber mein Auto stand eine Nacht lang unabgeschlossen auf der Straße.

Ich frage mich, wie das werden soll, wenn es auch noch je eine Fernbedienung für den Herd, die Geschirrspülmaschine und die Waschmaschine geben wird. Ganz zu schweigen von einer Fernbedienung für die elektrischen Rollos, einer für den Türsummer und einer für den Staubsauger.

Und wenn dann die Katze auf den Fernbedienungen liegt
**Ihr Klara**
***P.S.*** Vielleicht gibt es ja eines Tages auch eine Fernbedienung für ein Smartklo. Da wird dann vor dem Spülen das Gewicht in der Kloschüssel gemessen und danach die Menge Wasser berechnet, die durchrauschen muss.

## Flugzeugkleptomania

Auf meinem ersten Langstreckenflug nach Sri Lanka gab es ein hinreißend designtes Besteck. Ich konnte nicht widerstehen. Der Teelöffel war ganz besonders schön. Also klaute ich ihn. Seitdem bin ich bekennende „Kleptomanin" was Teelöffel von Fluggesellschaften betrifft. Von Air Lanka über Lufthansa und Emirates ist mittlerweile alles vertreten. Ich benutze sie nicht, sondern horte sie wie wertvolle Antiquitäten.

Nach 9/11 gab es dann erst einmal überwiegend nur noch Plastikbesteck. Keine Teelöffel mehr. Seitdem bin ich auf Decken umgestiegen. Diese Flugzeugdecken sind ungeheuer praktisch. Leicht, trotzdem warm, aus Plastik, trocknen in 10 Minuten nach dem Waschen. Eine Airline hat welche in terracotta, was extrem gut zu der farblichen Gestaltung meines Wohnzimmers passt. Ebenso die braunen Decken von meiner Lieblingsairline. Die Decken wärmen in kühlen Sommernächten meine Freundinnen auf der Dachterrasse. Sie dienen als Katzendecke – leicht zu waschen. Mein Stiefenkelsohn hat daraus ein Harry Potter Kostüm geschneidert bekommen. Auch als Unterlage zum Malen sind sie geeignet. Da kann ich unbedenklich einen Pin-

sel abstreifen. Für einen Lieblingspullover (braun), dessen Ärmel am Ellenbogen durchgescheuert waren, habe ich daraus Flicken geschnitten und drauf gesetzt.
Wegen der Decken bin ich immer darauf bedacht, dass in meinem Handgepäck genügend Platz für 1 oder auch 2 Decken ist. Mittlerweile habe ich etliche dieser Decken. Wie viele es sind, verrate ich nicht.
Seit geraumer Zeit gibt es aber auch wieder Metallbesteck und ich kann weiterhin meiner Leidenschaft als Teelöffeldiebin frönen. Trotzdem möchte ich die Decken auch haben. Die Handtücher im Bad der Business Lounge hingegen lasse ich liegen. Sie passen nämlich farblich nicht in mein Badezimmer.
**Ihre Klara**
**P.S.** Meine Lieblingsfluggesellschaft hat leider auf Decken mit Zebrastreifen umgestellt. Was soll ich damit? Die passen gar nicht in mein Wohnzimmer, aber aus der Macht der Gewohnheit habe ich doch eine mitgenommen. Sie kann als „Maldecke" dienen.

## Übergewicht

Ich bin bekennende Vielfliegerin und somit Umweltverschmutzerin. Zum Ausgleich für mein schlechtes Gewissen habe ich jetzt eine Solaranlage auf dem Dach installieren lassen. Sauberer Strom als Ausgleich für die Umweltsünde Fliegen! Aber darum geht es jetzt nicht. Es geht um Übergewicht! Das meines Körpers und das meines Gepäcks.
Wann immer ich nach Australien zur Familie meiner Tochter fliege, nehme ich zu. Zwei Kilo mindestens! Dabei halte ich mich bei ihrer liebevollen Verpflegung schon sehr zurück. Nur ein halber Bagel zum Früh-

stück, und Rührei und Bacon nur einmal die Woche (ich liebe das englische Frühstück!). Salat zum Mittag und Dinner möglichst schon um fünf Uhr. Aber mein Stoffwechsel begreift bei aller Fürsorge offensichtlich trotzdem nicht, dass zu Essenzeiten Verbrennung angesagt ist, und zu Schlafenszeiten Wasserverlust. Oder auch anders herum. Die Zeitverschiebung von 10 Stunden wird jedenfalls ignoriert. Wie auch immer, ich komme mit zwei Kilo mehr zurück, die ich dann eisern in Deutschland wieder abhungere. Sonst sind das nämlich vier Kilo im Jahr, denn seit 10 Jahren fliege ich mindestens zwei Mal im Jahr rüber. Zehn mal vier - es könnten jetzt schon 40 Kilo mehr sein, würde ich mich nicht, zurück in Deutschland, mühsamst wieder reduzieren.

Die andere Geschichte ist die mit dem Gepäck. Früher waren 20 Kilo erlaubt. Plus sieben Kilo Handgepäck. Dann wurde das auf 23 Kilo erweitert. Das war trotzdem ein Problem, wenn ich meine Familie in Australien besuchte. Wenn alles eingepackt war, waren es 36 Kilo laut Waage. (Bei meinen sonst üblichen Backpacker Urlauben bringe ich schlappe 13 Kilo auf die Waage, aber das ist eine andere Geschichte.) Also mussten 13 Kilo raus aus dem Koffer. Mit der Küchenwaage wog ich dann. Lieber das Buch oder doch das Familienspiel mitnehmen? Sind zwei Paar Schuhe wirklich nötig? Doch noch eine Jeans mitnehmen, oder in down-under häufiger waschen? Die Entscheidung war jedes Mal extrem schwierig, aber es gelang mir immer, punktgenau 23 Kilo auf die Waage zu bringen. Die ganz schweren Sachen wie Hardcover Bücher, der Laptop oder Akkus für die Kamera kamen dann ins Handgepäck,

das, der Göttin sei Dank, nie gewogen wurde. Das Handgepäck brachte es nämlich noch einmal auf stolze 12 Kilo.
Seit ich Vielfliegerin bin, ist das kein Problem mehr – dachte ich. Jetzt darf ich bei meiner Lieblingsairline, da ich oft genug geflogen bin und Silverstatus habe, 10 Kilo mehr mitnehmen, also 33 Kilo. Das ist auch das Maximum für mich, da ich Mühe habe, den 33 Kilo schweren Koffer in den Zug nach Frankfurt und wieder heraus zu bewegen. Aber da es in down-under weder Milchschnitten, noch Leibniz Keks, noch Malzbier, noch Kinderschokolade, noch Hannover Krimis gibt, quäle ich mich schon gerne ab, um deutsche Essenskultur und Literatur nach Oz zu bringen. Außerdem gibt es im Zug in der Regel mindestens einen hilfsbereiten jungen Mann, der mir jeweils beim Ein- und Aussteigen hilft.
Doch da ist noch die Frage des Weiterfluges von Sydney in die australische Hauptstadt. Auf innerkontinentalen Flügen sind nämlich nur 20 Kilo erlaubt, Übergepäck muss, wie bei Air Berlin, teuer bezahlt werden. Nun versicherte mir bei der Buchung des letzten Fluges die freundliche Mitarbeiterin des Reisebüros, dass ich als Vielfliegerin mit meiner Lieblingsairline auch bei Weiterflug mit der innerkontinentalen Partnerairline meinen 33 Kilo schweren Koffer ohne Zuzahlung mitnehmen könne. Wunderbar! 33 Kilo im Koffer und 12 Kilo im Handgepäck. Alle deutschen Herrlichkeiten wurden eingepackt. Die beiden Hannoverkrimis allerdings, die meine Mutter für die Enkeltochter wegen des erweiterten Übergewichts ("Die wiegen doch nicht viel") noch mitgeben wollte, musste ich dann leider

doch zurücklassen. Zukünftig werde ich auf E-Books umsteigen: 0,8 Kilo E-Bookreader mit der Kapazität von 2000 Büchern statt vier Bücher mit insgesamt 5 Kilo aus der niedersächsischen Hauptstadt. Das gibt Platz für mindestens weitere vier Flaschen Malzbier für die Enkeltochter.

In Brisbane jedoch wurde mein mittlerweile 35 Kilo schwerer Koffer – ich hatte das Hardcover Buch aus dem Handgepäck in den Koffer gepackt – als zu schwer befunden. Ich müsse zahlen! Da half es auch erst einmal nicht, dass ich den 2 Kilo schweren deutschen Schmöker wieder ins Handgepäck beförderte und somit den Koffer wieder auf 33 Kilo reduzierte. Nach heftigem Insistieren meinerseits, was in Australien eher als unhöflich und nicht als deutsche Direktheit erlebt wird (mir wurde mehrfach versichert: I just want to help you!) wurde eine Ausnahme gemacht. Ich musste nix zahlen.

Eine freundliche Mail ging dann vergangene Woche von mir an das Reisebüro, über das ich die Flüge gebucht hatte. Die hatten mir schließlich gesagt, dass ich als Vielfliegerin meiner Lieblingsairline auch das Übergepäck mit der Partnerairline in down-under umsonst transportiert bekäme. Antwort: Das sei in der Tat richtig mit dem Übergepäck. Das müsse ich zahlen, die erste Auskunft sei falsch gewesen, und nein, was Übergepäck kosten würde, wüssten sie nicht. Ich möge doch auf der Seite der Partnerairline nachschauen.

Dort stand, es koste 15 Dollar pro Kilo - am Flughafen zu zahlen. Macht für 10 Kilo Übergewicht ...ihr könnt ja selber mal rechnen. Ich bat meine Tochter, das zu klären, vor allem was es kostet, Übergewicht online zu bezahlen. Das ist meistens billiger. Nach einer Stunde Telefonat und Warteschleife, verbunden an eine andere Nummer, und erneuter Warteschleife kam dann die Auskunft, sie müsse ganz woanders anrufen. Dort bekam sie, nicht ohne erneute Warteschleife, die Auskunft, ich dürfe selbstverständlich als Vielfliegerin der Lieblingsairline auch bei der Partnerairline 33 Kilo mitnehmen. Ich wollte das gerne schriftlich haben, aber die Tochter meinte dann, da das Telefonat bereits beendet war - zu Recht leicht genervt - das solle ich nun gefälligst selber regeln.

Ich hatte also nach einer halben Stunde in der Warteschleife - die erste Warteschleife fiel weg, da ich ja die richtige Nummer hatte - dann auch eine nette Mitarbeiterin am Apparat. Vorsichtshalber hatte ich sie vorgewarnt, dass mein Englisch nicht so „fluent" sei. Sie sprach deshalb ganz deutlich und hinreichend langsam, sodass ich sie gut verstehen konnte. Leider konnte sie meine Buchung „im System" nicht finden. Sie versicherte mir aber, dass ich 33 Kilo mitnehmen dürfe, sie würde einen entsprechenden „comment" schreiben. Nein, eine Bestätigungsmail dürfe sie nicht schicken. Noch immer, nach einer halben Stunde und den Daten der Kreditkarte, mit der ich bezahlt hatte, konnte sie mich nicht finden.

Wir verabredeten dann, dass ich meine Ticketbuchungen an sie weiter leite, sie den „comment" ins „System" schreibt und mich dann anruft um zu bestätigen, dass alles o.k. ist. So geschah es auch. Ich traue dem Frieden noch nicht ganz, und wenn das alles doch nicht stimmt, muss ich die Schneidebretter (Holz und schwer!) hier lassen und das nächste Mal mitnehmen.

Dann fahre ich allerdings mit dem Bus nach Sydney, da spielt dann Übergewicht keine Rolle, und billiger als der Flug ist es auch.
**Ihre Klara**
***P.S.*** Wenn ich auf dem Rückflug 2 Kilo Körpergewicht mehr auf die Waage bringe, wird das auch als Übergepäck gewertet? Und was muss ich dann dafür zahlen?

## Sparsamkeit
Für meine Sparsamkeit bin ich ja bekannt. Das habe ich von meiner Großmutter, die immer auf dem Rand von Zeitungen Notizen machte, um Papier zu sparen. Auch die Tatsache, dass ich in eine Kaufmannsfamilie hinein geboren wurde, hat mich zu Sparsamkeit erzogen. Bei uns wurden noch das Geschenkpapier und die dazugehörigen Geschenkbänder gebügelt. Und das Lametta vom Weihnachtsbaum, ebenfalls frisch gebügelt, wurde auch jedes Jahr aufgehoben. Das ist mir in Fleisch und Blut übergegangen. Ständig habe ich einen kleinen Taschenrechner im Kopf der mir meldet, wenn etwas zu teuer ist. Mein Mann, der dies offensichtlich nicht so gelernt hat, ist im Urlaub immer etwas genervt, wenn ich anfange zu handeln oder unser Urlaubsbudget überprüfe. Das führt manchmal zu Unterkünften, die ein wenig unter unserem Standard liegen. So zum Beispiel in Indonesien zu Betten, die uns die Sprungfedern des Nachts in den Rücken bohrten, weil ich nicht bereit war, Unsummen in einem Hotel mit europäischem Standard zu lassen.
Nun kann so eine Sparsamkeit aber auch noch weit seltsamere Blüten treiben. In Belarus schien mir das Toilettenpapier vergleichsweise ziemlich teuer. Also

stellte ich folgende Rechnung auf: eine Rolle des preiswertesten Toilettenpapiers hat 150 Blätter und kostet 191 belarussische Rubel. Das ergibt einen Preis von 1,27 belarussische Rubel pro Blatt. Da es in Belarus keine Münzen, sondern nur Scheine gibt, ist es preiswerter, für den Gang auf die Toilette 1-Rubelscheine mitzunehmen. Auf diese Weise kann man auch Geld vernichten.

**Ihre Klara**

**P.S.** Die belarussische Regierung hat mittlerweile die 1 und 5 Rubelscheine aus dem Verkehr gezogen. Das macht das Toilettenpapier im Vergleich wieder preiswert.

## Moby Dick

Ich hatte zwei ältere Damen ins Theater eingeladen. Beide über 80. Beide verwitwet. Beide gebildet und kulturell interessiert. Wir sahen Moby Dick. Nach dem Theater, bei einem Glas Wein, erwartete ich eine fundierte Kritik. Ich freute mich darauf zu hören, was sie zu der Inszenierung und der Umsetzung des Romans zu sagen hätten. "Das war ja eine Zumutung", empörte sich die eine. Ich horchte erstaunt auf, hatte ich doch die Inszenierung als sehr gelungen erlebt. "Hätten sie nicht ein paar hübschere Männer auf die Bühne bringen können", fuhr sie fort. „Das war ja furchtbar, nur diese dicken Männer anzusehen." „Das finde ich auch. Diese Schwabbelbäuche waren einfach eklig", ereiferte sich die andere. „Nur einer war wirklich hübsch anzusehen." „Dass die sich nicht geschämt haben, sich so mit nacktem Oberkörper in der Öffentlichkeit zu zeigen." „Vor allem der eine, der müsste mindestens 30

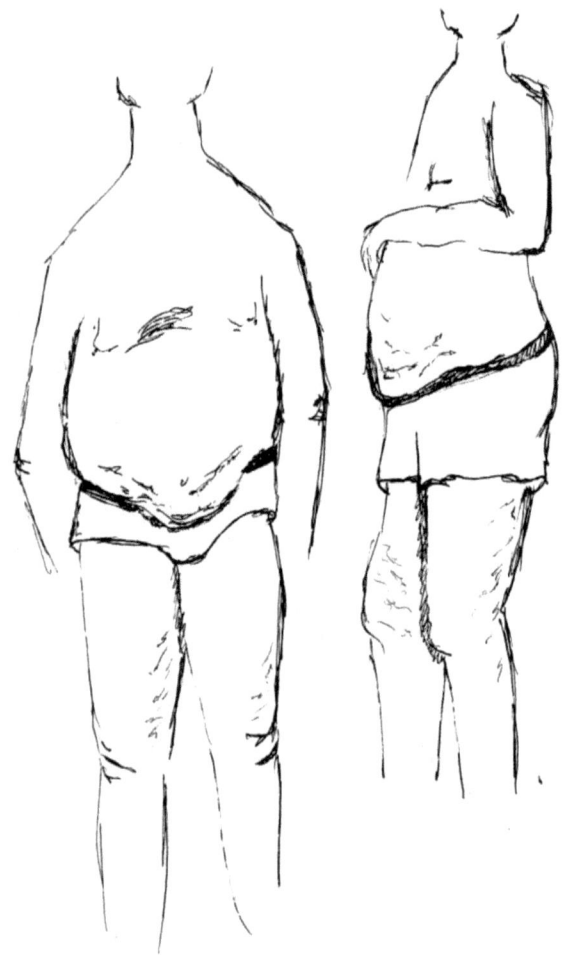

Kilo abspecken, um einigermaßen auszusehen." „Nicht ein knackiger Hintern war dabei." Wenn ich ins Theater gehe, dann möchte ich attraktive Schauspieler sehen, die auch Erotik ausstrahlen." Beide nickten Statement und wechselten dann das Thema. Zugegebenermaßen war ich ziemlich erstaunt. Erstens schienen die beiden zu glauben, dass alle Schauspieler wie Brad Pitt aussehen müssen und zweitens schienen sie überhaupt nicht zu wissen, dass dreiviertel aller deutschen Männer übergewichtig, wenn nicht sogar krankhaft fettleibig sind. Darüber hinaus hatte ich nicht damit gerechnet, dass 80jährige Damen noch hinter Männern herschauen und sie nach ihrer erotischen Ausstrahlung beurteilen. Der Intendant des Schauspielhauses sollte dies vielleicht mit bedenken und sich bei der Besetzung der Stücke doch mehr Gedanken über die Attraktivität seiner Schauspieler machen. Es könnte sonst sein, dass sich das Publikum im Schauspielhaus halbiert.

**Ihre Klara**

**P.S.** Ich frage mich, ob diese beiden Damen ihr Wahlverhalten ebenfalls vom Umfang der Bäuche abhängig machen. Für diesen Fall ist etlichen Politikern eine radikale Diät zu empfehlen, falls sie nach Höherem streben.

## Klassentreffen

Regelmäßige Klassentreffen gehören zum Leben einfach dazu. Deshalb trafen sich auch meine Klassenkameradinnen – wir waren ein Mädchengymnasium - 40 Jahre nach dem Abitur wieder. 15 Jahre hatten wir uns nicht gesehen. Trotzdem erkannte ich sie alle wieder:

Uschi, Cornelia, Christa, und wie sie alle hießen. Aber ich erschrak auch. Meine Güte, waren die alt geworden! Ulla hatte erkennbare Falten im Gesicht, Maren war etwas sehr rundlich geworden, Christa kam an Krücken – Arthrose – und Cornelias Haare waren schlohweiß. Julia hatte deutlich erkennbar bereits eine Vollprothese im Mund und bei Sarah erkannte ich ein Hörgerät am Ohr. Sylvia hatte einen leicht verbitterten Zug um den Mund, Hiltruds Hände zitterten ein wenig, Sabine war wie ihre eigene Großmutter gekleidet. Mareike fehlte in der Runde – Krebs – und Gesine war schon Witwe.

Nur meine beste Freundin Karin sah eigentlich aus wie damals. Hinter ihrem über 50 Jahre alten Gesicht sah ich noch immer ihr Jugendgesicht. Zu Hause holte ich alte Fotos heraus. Tatsächlich, auch Karin hatte sich verändert, nur hatte ich das noch nie so wahrgenommen. Aber ich - ich bin doch nun wirklich optisch nicht so viel älter geworden! Meine Augen und mein Mund sehen noch immer aus wie mit 15, auch die Figur hat sich nicht verändert, nur die Frisur habe ich den Zeiten angepasst. Der kritische Blick in den Spiegel belehrte mich dann aber eines Besseren. Mit einem Jugendfoto in der Hand stellte ich mich vor den Spiegel und verglich Foto und Spiegelbild. In den Augen der anderen war ich mit Sicherheit genauso gealtert, wie sie für mich. Am nächsten Morgen stürzte ich in die nächste Drogerie, um mir endlich die Antifaltencreme aus der Werbung zu kaufen, mit der die älteren Nackedeis trotz ihres Alters so Klasse aussehen

**Ihre Klara**

***P. S.*** Fotos von mir werden zukünftig nur noch in einem Abstand von mindestens zwei Metern gemacht, und dann auch bitte mit Weichzeichner.

## Glatte Füße

Kürzlich erzählte mir meine Fußpflegerin, oh, Entschuldigung, es heißt jetzt „Podologin", also meine Podologin erzählte mir, dass es jetzt Fische gibt, die Hornhaut fressen. Den Namen dieser Fische wusste sie leider nicht. Aber sie konnte mir alles ganz genau erklären. Frau geht also zur Podologin, und steckt die Füße in ein Aquarium und da sind dann 5 – 6 kleine Fische drin, die die Hornhaut von den Füßen abknabbern. Da erheben sich natürlich mehrere Fragen: Sind es nur Frauen, die zur Podologin gehen, oder auch Männer? „Bei mir ist das so!" erklärt sie. „Die Männer bekommen immer erst einmal einen Gutschein von ihren Frauen geschenkt. Dann lassen sie sich ein halbes Jahr Zeit, mindestens, ehe sie kommen. Aber dann bleiben sie in der Regel."

Hmm, ich denke an die Fische. „Haben Männer denn nicht festere Hornhaut und auch dickere als Frauen?" will ich wissen. „Oh nein, Männer tragen ja keine Absätze. Also rutschen sie auch mit den Füßen nicht so weit nach vorne in die Schuhe hinein. Und vor allem tragen sie richtig bequeme Schuhe. Deshalb sind Männerfüße meistens schöner, als die von Frauen. Allerdings haben sie eher eingewachsene Fußnägel vom Fußball spielen. "

Aha, nun ja, hmm, so ist das also. Männer haben schönere Füße als Frauen aber häufiger eingewachsene Fußnägel. Das wusste ich bisher nicht.

Aber zurück zu den kleinen, Hornhaut knabbernden Fischen. Ob die irgendwann satt sind? Oder werden bei jeder neuen Kundin und bei jedem neuen Kunden auch neue Fische in das Aquarium gesetzt? Und woher wissen sie, wann sie genug geknabbert haben? Und wird ihnen auch manchmal schlecht, wenn sie Käsefüße vor sich haben? Oder Schweißfüße - riechen sie die? Oder müssen die Füße vorher blitzsauber geputzt sein? Mit solchen Füßen, wie ich sie manchmal nach der Gartenarbeit habe, könnte ich wahrscheinlich nicht kommen. Es sei denn, sie mögen auch Kompost. Soll ja gesund sein, zumindest für Pflanzen. Außerdem bin ich auch kitzelig an den Füßen. Knabbern die Fische ohne zu kitzeln?

Dann interessiert mich natürlich auch, wie hoch der Preis für die Anschaffung dieser kleinen Lieblinge ist. Rechtfertigt das den hohen Preis für die Behandlung? So eine Bio-Pediküre kostet nämlich! Mindestens! Und die Podologin sitzt daneben, sieht zu, wie die kleinen Fische ihren Job machen und trinkt grünen Tee. Natürlich brennt auch die Duftkerze, neben dem Aquarium steht der obligatorische Blumenstrauß und aus dem CD-Player säuselt Meditationsmusik. Für soviel Esoterik verlangt die Podologin natürlich ein entsprechend hohes Honorar.

Vielleicht sollte ich mir ja, wenn es sich rechnet, auch so ein Aquarium mit kleinen Fischen zulegen. Dann bekommen sie immer abends beim Fernsehen ihr Leckerli. Und mein Mann darf seine Füße danach auch noch reinhängen.

**Ihre Klara**

***P.S.*** Knabbern die Fische eigentlich auch gleich die Nägel ab?

## Über das Fliegen

Ich erinnere mich noch ganz genau: Mein erster Flug ging nach Gran Canaria. Das muss so in den 70ern gewesen sein. Da gab es noch keine Sitzplätze, die vorgegeben waren, sondern freie Sitzplatzwahl. Ganz zu schweigen von „Fingern", durch die man bequem ins Flugzeug spazieren konnte. Der Transport ging per Bus zum Flugzeug, und dann ging die Rennerei über das Rollfeld los. Jede wollte natürlich einen Fensterplatz ergattern. Ich gehörte in aller Regel zu den Siegern. Der erste Flug über die Alpen! Für eine damalige Geographiestudentin ein unglaubliches Erlebnis. Geraucht werden durfte noch überall im Flugzeug, die Gefährdungen durch das Passivrauchen waren noch nicht bekannt. Und dann, wir fanden es wunderbar, gingen nach dem Start an der Decke Monitore herunter, auf denen wir Filme sehen konnten. Ein Film für das gesamte Flugzeug. Wer das nicht toll fand, war genkiffen. Aber natürlich fanden wir jeden noch so schrottigen Film sehenswert. Über den Wolken im Kino. Was für ein Erlebnis!

Ungefähr 10 Jahre später hörte das Gerenne zum Flugzeug über das Rollfeld auf. Nun gab es nummerierte Plätze und ich glaube, zu der Zeit wurden die RaucherInnen auch schon auf die hinteren Reihen verbannt. Aber immerhin, man durfte noch qualmen.

Mein erster rauchfreier Flug ging 1999 nach Australien. Im ersten Schreck hätte ich den Flug am liebsten wieder gecancelt. Aber die Sehnsucht nach der weiten

Welt war denn doch größer als die Sucht. Bewaffnet mit Nikotinpflaster habe ich dann auch diesen Flug und viele weitere gut überstanden. Seitdem ich im Flugzeug nicht mehr rauchen darf sitze ich nun vorzugsweise weit vorne im Flugzeug, damit ich möglichst früh herauskomme. Irgendwann gab es dann Monitore in den Sitzlehnen vor einem. Immer noch mit einem Film für alle. Und kurz darauf konnte ich aus über 30 Filmen meinen ganz privaten aussuchen. Der startete dann zu einer bestimmten Zeit, die ich nicht verpassen durfte, wollte ich den gesamten Film sehen.
Vor einigen Jahren nun gab es den online-check-in. Nun konnte ich schon von zu Hause aus meinen Sitzplatz aussuchen und war nicht mehr auf das Bodenpersonal am Flughafen angewiesen. Und die Filme in der Lehne des Rücksitzes starteten zu jeder beliebigen Zeit. Was für ein Luxus!
Mein letzter Flug nach Australien jedoch war ein echtes Highlight. Als Vielfliegerin mit meiner Lieblingsairline darf ich seit dem vorletzten Flug die Business-Lounge betreten. Leise Musik, bequeme Sessel, ein Buffet. Ich bin nun nicht mehr auf die Verpflegung im Flugzeug angewiesen, die noch grusliger geworden ist, als es eh schon war, sondern esse vorher. Da nehme ich auch gerne schon einmal einen Zug früher nach Frankfurt. Und Zwischenaufenthalte sind nun auch sehr viel angenehmer.
Auf einem der letzten Flüge befanden sich in der Rückenlehne vor mir nicht mehr nur der Monitor mit der Spielfilmauswahl, sondern auch eine Steckdose und ein USB Anschluss. Da konnte ich die E-Zigarette, die ich dabei hatte, aufladen. Ich konnte „dampfen" (so

heißt das Rauchen mit E-Zigarette) wann immer ich wollte. Sogar beim Start und bei der Landung.
Jetzt gibt es als Neuestes Flugzeugapps. Die werden vor dem Flug heruntergeladen und dann kann habe ich im Flugzeug Internetanschluss. Wer sagt, dass Fliegen anstrengend ist? Es ist eigentlich so, als säße ich zuhause im heimischen Wohnzimmer.
**Ihre Klara**
**P.S.** Der Service ist allerdings partiell doch schlechter geworden. Es gibt keine Socken, Schlafmaske und Zahnbürste mehr. Aber immerhin gibt es noch die praktischen Flugzeugdecken.

## Rums

Nun hat es in Japan gerumst und die sicheren Atomkraftwerke kommen an ihre Grenzen. Und die bösen tektonischen Platten haben Schuld, weil sie mal wieder aneinander geraten sind. Das wissen die Japanerinnen und Japaner schon lange, dass die Platten sich nicht grün sind, aber müssen sie es denn gleich so übertreiben? Ich denke doch, dass die japanischen PolitikerInnen und Politiker ihrer Bevölkerung zuvor versichert haben, dass auch bei einem Beben überhaupt keine Gefahr besteht. Und überhaupt seien die Sicherheitsstandards die besten überhaupt. Ich kann zwar kein japanisch und kann es deshalb auch nicht beweisen, aber sie müssen es gesagt haben, weil in Japan niemand Angst hatte vor einem Super-Gau. Nun gut, vielleicht mit Ausnahme der Grünen, aber die werden ja sowieso nicht ganz ernst genommen mit ihren Warnungen.

So wird uns auch gesagt, dass wir keine Angst zu haben brauchen. Die Wolke kommt schon nicht zu uns – viel zu weit weg! Und in Deutschland gibt es auch keine Erdbeben, offiziell jedenfalls nicht. Nur so ein paar kleine, nicht nennenswerte, nicht spürbare, aber immerhin mehrere 100 pro Jahr. Das erstaunt Sie? Nun, das wird auch nicht immer öffentlich kundgetan. Dass die afrikanische Platte an die eurasische drückt und die Alpen sich dadurch jährlich um mehrere Millimeter heben, macht da auch nichts. Und ein Beben wie 1992 im Rheinland, das auch noch in London zu spüren war, kommt nur alle 80 bis 100 Jahre vor. Da haben wir ja noch Zeit bis 2100. Und die Vulkane? Die sind „tot", qualitätsgecheckt und der DIN Norm angepasst und Tsunamis gibt es auch nicht bei uns. Wie? Jetzt sind Sie doch etwas nachdenklich geworden? Müssen Sie nicht. Es gibt jetzt ja ein Moratorium, Island ist weit weg (wissen Sie noch – letztes Jahr – Eyjafjallajökull?) und das mit dem Atommüll kriegen wir auch noch hin, sagen die PolitikerInnen. Da sind sie ihren KollegInnen in Japan wohl sehr ähnlich.

**Ihre Klara**

***P.S.*** Und was hat KTG, dieser rückgetretene Verteidigungsminister, doch wieder einmal für ein Glück! Jetzt dreht sich alles um Japan und er kann in Ruhe sein Comeback vorbereiten.

## Bürokratie

Derzeit habe ich zwei Baustellen.
Die erste Baustelle ist die Pensionierung im August. Dazu gibt es viele Fragen und auch Urkunden einzureichen. Eigentlich bin ich ganz froh, dass sie nicht

noch wissen wollen, ob ich noch alle Zähne im Mund habe. Das würde ich ihnen nämlich nicht verraten wollen. Aber ansonsten erforscht „die Behörde" mein Privatleben total. Ich muss die Heiratsurkunde aus meiner ersten Ehe einreichen. Und natürlich muss ich auch erklären, ob ich da zum Unterhalt verpflichtet bin. Nein, bin ich nicht. War ich auch noch nie, müsste sie auch eigentlich wissen. Ich habe das doch richtig verstanden, dass Daten jetzt im Zeitalter der Computer ausgetauscht werden können. Oder vielleicht doch nicht?

Des Weiteren möchte die Behörde wissen, ob ich ein Kind habe. Das erspart mir dann den „Beitragszuschlag für Kinderlose" für die gesetzliche Pflegeversicherung. Da bin ich ja froh, dass mein erster Ehemann und ich eine Tochter groß gezogen und finanziert haben. Sonst müsste ich jetzt löhnen und vielleicht in der Statistik unter Altersarmut auftauchen. Aber die Geburtsurkunde muss ich beibringen. Dabei wissen sie doch, dass ich eine Tochter habe. Ich habe nämlich mal Kindergeld bekommen. Nun gut, ich muss also Geburtsurkunde für meine Tochter und den Auszug aus dem Stammbuch für meine erste Eheschließung nebst Scheidung beibringen, nebst der Versicherung, dass ich für meinen ersten Ehemann keinen Unterhalt leisten muss.

Bei meinem zweiten Ehemann wollen sie natürlich auch wissen, ob wir unsere Finanzen gemeinschaftlich verwalten oder ob wir Gütertrennung haben. Was geht die das eigentlich an? Nun ja, wir leben ja nicht in Griechenland. Da würde vielleicht ein kleines Bakschisch ausreichen und alles wäre Tippitoppi. Aber

dann wäre Deutschland ja auch jetzt pleite. Deshalb werde ich die nächste Woche damit verbringen, alle Unterlagen einzureichen, damit es unserem Staat nach wie vor gut geht.
Die zweite Baustelle ist die Trennung der Räumlichkeiten im Erdgeschoss des Hauses. Als erstes musste ich beim Bauamt genehmigen lassen, dass ich die Räumlichkeiten trennen darf. Umnutzungsantrag heißt das und es dauert circa acht Wochen für die Genehmigung. Da muss dann der Brandschutz berücksichtigt werden, weil es jetzt ja zwei Einheiten werden. Ein kleines Fenster in einem Büro war bisher kein Problem. Jetzt nach der Trennung ist es eines. Es muss zugemauert werden oder durch ein feststehendes T90 Fenster ersetzt werden. Das kostet natürlich auch, viel! Wem nutzt das? Sie ahnen es – Deutschland und damit Ihnen, denn die Mehrwertsteuer und die Einkommenssteuer bekommt der Staat, und das wiederum kommt Ihnen zugute.
Dann muss die Elektrik zwischen Lager und Geschäftsräumen getrennt werden. Nicht das Problem, eigentlich. Nun ergeben sich aber diverse Schwierigkeiten: die Zähler aus dem Lager müssen nun in das allgemeine Treppenhaus verlegt werden. Das ist nun Vorschrift, dass sie allgemein zugänglich sind. Das ist schon einmal Aufwand und kostet. Wem kommt es zugute? Sie wissen es! Nun gut, ich möchte ja, dass es Deutschland durch meinen Beitrag der Mehrwertsteuer, die ich ja zahlen muss, gut geht.
Die Elektrik im Keller wurde 1947 verlegt. Da gab es zugegebenermaßen Schalter, Verteilerdosen und Steckdosen mit Verbindungen, die doch sehr an „Drit-

te-Welt-Elektrik" erinnerten. Aber dass die Leuchtstoffröhren, die immer gut funktioniert haben, ausgetauscht werden müssen, weil sie nicht „Feuchtraumgeeignet" sind, schien mir etwas überflüssig. Zumal der Vormieter noch nicht funktionierende Leuchtstoffröhren ausgetauscht hat. Aber, was sein muss, muss sein, kostet aber auch. (Mehrwertsteuer und Einkommenssteuer für den Staat, wie schon erwähnt, und Ankurbelung der Wirtschaft ).
Dann gibt es ja noch die Idee von meinem Liebsten, vor dem Haus Rankpflanzen anzubringen. Dafür ist das Tiefbauamt zuständig. Es geht ja in die Tiefe. Und da liegen schon so etliche Kabel. Kabelanschluss, Strom, Telefon, Glasfaseranschluss, Wasserleitung und Gas. Die Wurzeln der Pflanzen, sind die vielleicht gefährlich? Nö, das nicht. Ein Telefongespräch ergab, dass ein Pflanzloch möglich ist, aber dass Rosen nun gar nicht gehen. Die haben nämlich Dornen! Und wenn dann ein Passant oder eine Passantin sich an den Dornen verletzt – nein, das kann das Tiefbauamt nicht verantworten, denn wer wäre denn dafür zuständig mit der Haftpflichtversicherung? Das Tiefbauamt! Und das würde für euch Kosten verursachen. (Ich mache eigentlich um Rosensträucher aus besagten Gründen einen Umweg, aber es scheint Iiebe Mitbürgerinnen und Mitbürger zu geben, die nicht wissen, dass Rosen Dornen haben). In Schleswig Holstein und Dänemark wachsen ja Rosen vor den Häusern. In Niedersachsen geht das aus den beschriebenen Gründen nun mal gar nicht. Sind also die Niedersachsen und Niedersachsinnen dümmer als die Bewohnerinnen und Bewohner in Schleswig -Holstein und Dänemark? Nun

werden es jedenfalls wohl Clematis werden, die haben nämlich keine Dornen. Ich bin gespannt, ob mir die Farbe der Blüten vorgeschrieben wird.

Jetzt muss ich einen Termin zur Besichtigung und Genehmigung vereinbaren, und dann kommt das Tiefbauamt, um die Pflanzlöcher auszuheben, das kostet dann wieder. Und, ihr erahnt es, es kommt über die Steuer wieder euch allen zugute.

Ich bleibe trotzdem heiter.

**Ihre Klara**

**P.S.** Jetzt hätte ich gerne einen Kotau dafür, dass ich durch meine Investitionen, vorgeschrieben durch „die Behörde", dazu beitrage, dass ihr euch nicht sorgen müsst.

## Regen ist auch gut

Ich hatte mich sehr auf den Aufenthalt in Australien gefreut. Strahlendes Wetter während es in Deutschland noch vor sich hinwintert, so hatte ich es mir vorgestellt. Der erste Tag war vielversprechend. 30 Grad im Schatten, zu warm, als dass ich mir in der Sonne sitzend die erste Bräune hätte holen können, um die ich dann zu Hause beneidet werden würde. Aber meine Freundin Lore sagt ja auch immer, dass frau auch im Schatten braun wird. So saß ich im Schatten, genoss die Wärme und die Mücken genossen das Frischfleisch aus Deutschland. Am nächsten Tag war es gefühlte 15 Grad kühler und es goss in Strömen. Auch gut. Ein wenig Wetterabwechslung war ja gar nicht schlecht, und Australien braucht dringend den Regen. Die Blumen im Garten freute es auch.

Das war es dann aber auch schon mit der Abwechslung. Ich hatte den schlechtesten Sommer und Herbstanfang seit ca. 100 Jahren erwischt. Die Sonne ließ sich kaum blicken, es regnete dauerhaft Tag und Nacht, und die Wohnung wurde geheizt.

So gab es leider auch keine Grillabende. Ist ja auch nicht so gut, das auf Holz gegrillte Fleisch, weder für die Umwelt noch für die Gesundheit. Stattdessen bereitete ich Aufläufe zu, ein klassisches Winteressen. Es war wie zu Hause, nur einmal um die halbe Erde gereist. Da kamen Heimatgefühle auf und kein eventuelles Heimweh nach der heimeligen Heizungswärme in der Wohnung in der Südstadt.

Meine Sommersachen kann ich nun unbenutzt und noch frisch gewaschen wieder mit nach Hause nehmen. Das spart einen Waschgang und ist ja deswegen ebenfalls gut für die Umwelt. Einen Sonnenbrand muss ich auch nicht fürchten. Das Krebsrisiko wird nicht erhöht. Das ist gut für die Gesundheit, was meine Haut sicher freut. Sie wird auch nicht so trocken wie sonst, sondern ist angenehm geschmeidig. Das lästige Eincremen fällt weg, sowohl mit Sonnenschutz als auch mit Feuchtigkeitscreme, und somit werden auch die teuren Seidenfummel nicht durch Fettflecken verunziert.

Die dicke Jacke, die ich einmal hier erstanden habe und immer für Notfälle in Australien lasse, kommt täglich zum Einsatz. Der Kauf hat sich also rentiert. Damit hatte ich damals gar nicht gerechnet.

Zwischenzeitlich erwog ich, nach Alice Springs zu fliegen, aber das verwarf ich wieder. Das jetzige Wetter ist ja für Australien etwas ganz Ungewöhnliches, und so möchte ich es auch in Gänze erleben.

Einen neuen Bikini muss ich mir auch nicht kaufen. Das kann ich nun je nach Wetterlage auf Deutschland verschieben. Dort ist ja alles sowieso preiswerter.

Bekanntlich sinkt der IQ, wenn man nur faul in der Sonne liegt. Statt in der Sonne zu liegen bin ich nun aber ausgiebig durch die drei Museen in Canberra gewandert und komme gebildeter und nicht dümmer als vorher nach Hause zurück.

Am Wochenende fahren wir an die Küste und ich bereite mich innerlich auf herbstliches Nordseewetter (die tasmanische See ist ähnlich kalt wie die Nordsee bei Helgoland und Büsum) vor, mit Regen und kräftigem Wind. Dazu muss allerdings gesagt werden, dass ich in Deutschland im Herbst freiwillig nicht an die Nordsee fahren würde. Aber die Tasmanische See in herbstlichem Regen zu erleben ist da schon etwas Besonderes. Das sieht nicht jeder, der aus Europa hierher kommt. Denn eigentlich ist es hier in Australien, auch im Süden, dauerhaft sonnig und warm.

**Ihre Klara**

**P.S.** Die geplanten Ausflüge fielen buchstäblich auch ins Wasser weil Straßen gesperrt waren. Vielleicht kommen wir gar nicht an die Küste.

## Wohin mit dem Geld

Ich bin zur Sparsamkeit erzogen worden. Das restliche Geld, das am Monat übrig ist, zuvor ehrlich versteuert, trage ich zur Bank. Zur Bank meines Vertrauens, um genau zu sein. Da berät mich dann die freundliche

Bankangestellte, wie ich mein Geld vermehren kann, ohne arbeiten zu müssen. Anlage nennt sie das.
Leider hat das nicht immer so geklappt, wie versprochen. Bis noch vor gut 10 Jahren waren ja Aktien eine gute Idee. Aber nach etlichen Crashs ist es das nun nicht mehr und es ist nach wie vor eher mit Verlusten zu rechnen. Die Entwicklung des Dax ist nicht mehr so vorhersehbar, wie früher, in den guten alten Zeiten.
Heutzutage gibt es einen Tsunami in Japan, oder Zypern geht Pleite, oder Obama kann die Schulden des Landes nicht mehr bezahlen, und schon rauschen die Aktienkurse in den Keller. Und das mühsam gesparte Geld ist endgültig futsch. Da ich vorher dieses Geld auch noch versteuert habe, ist es ein doppelter Verlust.
Als Alternative bleibt nur das Telefonkonto mit den besten Tagesgeldzinsen von schlappen 1,5 %. Da schlägt aber auch wieder der Fiskus zu, denn die Zinsen muss ich ja auch noch einmal versteuern. Kapitalertragssteuer nennt die Regierung das. Schleichende Enteignung nennt es die Presse, denn die Inflation wird durch die Zinsen längst nicht ausgeglichen. Und so wird mein Geld immer weniger.
Betongold ist mittlerweile so ein Schlagwort, das ich überall höre. Also, bauen, Steuern sparen, und Sachwerte schaffen. Für eine Luxussanierung meines Hauses reicht mein Vermögen jedoch leider nicht. Aber doch für einen kleinen Ausbau im Dachgeschoss. Immerhin ist das Gesparte dann weg und ich muss mich nicht mehr um die günstigste Anlage sorgen. Aber Steuern gespart habe ich immer noch nicht, weil ich diesen Ausbau, da privat genutzt, nicht von der Steuer

absetzen kann. Wenigstens habe ich einen kleinen Sachwert geschaffen und die Wirtschaft angekurbelt.

Nun höre ich, dass ich durchaus Steuern hätte sparen können. Eine kleine Stiftung auf den Caymanns oder in Jordanien und schwupps hat die Steuer keinen Zugriff mehr auf das sauer verdiente Geld. Und satte Zinsen gibt es auch noch. Nur, wie komme ich an solche Stiftungen? Richtig! Die deutsche Bank kann da Auskunft geben. Da hätte ich ja mal eher darauf kommen können, dass Banken mir helfen können, Steuern zu sparen, indem ich Geld in einer Stiftung anlege. Steueroase – das Wort lässt Bilder von Palmen und Strand und Sonne im Kopf entstehen. Ob die Bankerin von dieser Steueroase nichts gewusst hat? Das hätte sie mir doch vor Jahren mal empfehlen können: „Ich habe da einen Tipp", hätte sie sagen können. „Ganz legal. Es gibt da eine Stiftung in Liechtenstein, da ist ihr Geld sicher und vermehrt sich, ohne dass Sie arbeiten müssen." Und dann wäre der kleine Haufen Geld, den ich zu erübrigen hatte, mit den Jahren zu einem großen geworden. Den ganz legalen Tipp habe ich aber nicht bekommen. Da habe ich wohl leider der falschen Bank vertraut.

Aber dennoch, was wäre denn gewesen, wenn …? Wenn ich mich also vor Jahren, ganz legal, arm „gestiftet" hätte, dann hätte ich ja vielleicht auch Hartz IV beantragen können, und das muss ja nun gar nicht versteuert werden.

Nun rechne ich mal. Wenn ich mich über eine Stiftung auf den Malediven arm gemacht hätte, Hartz IV kassiert hätte, dann hätte ich nicht nur das, was am Monatsende außer Hartz IV übrig ist, gespart, sondern

hätte auch keine Steuern zahlen müssen und in der Steueroase viele, viele Zinsen bekommen. Steuerfrei! Was wäre denn da über die Jahre wohl zusammen gekommen? Richtig! Für eine Luxussanierung meines Hauses hätte es locker gereicht. Und das so investierte Geld hätte ich dann wieder von der Steuer absetzen können. Ich hätte zwar erklären müssen, woher ich das viele Geld habe, aber da hätte die Deutsche Bank mir sicher geholfen.
**Ihre Klara**
**P.S.** Meine Mutter hat mir vor Jahren schon gesagt: „Der Teufel scheißt immer auf den größten Haufen." Wenn ich doch nur auf sie gehört hätte!

## Big brother

Wusste sie es, oder wusste sie es nicht? Wusste Frau Merkel über den Abhörskandal? In der Republik wird heftig darüber diskutiert, aber erfahren werden wir es wohl nie. Geahnt haben wir es jedoch schon lange. Spätestens seit Facebook und Google.
„Ich wusste schon, weshalb ich keinen Account bei Facebook eingerichtet habe, " sagt der beste Ehemann von allen und freut sich über seine Weitsichtigkeit.
„Och", entgegne ich, „das ist mir egal. Die Schufa kennt mich schon, das Kraftfahrzeugamt in Flensburg auch, meine Bank kennt meine Kontobewegungen, das Bürgeramt weiß alles über mich, die Landesschulbehörde auch, meine Krankenversicherung weiß, dass ich Plattfüße habe. Und überall kann ich kontrollieren, was sie über mich wissen. Auskunftsrecht heißt das. Aber gegen mich liegt nichts vor. Sogar mein Strafregisteraus-

zug ist sauber. Sollen die NSA doch hinter mir her spionieren. Ich habe nichts zu verbergen."
„Wenn du dich da mal nicht täuschst", bemerkt er bedeutungsschwer mit Dackelfalten auf der Stirn. Die hat er immer, wenn er Katastrophen ankündigt. Erstaunt sehe ich den Mann an meiner Seite an. Manchmal verbreitet er geradezu Panik. Hatte er nicht gewettet, es würde bei den olympischen Spielen in London mindestens einen Terroranschlag geben? Die Wette hat er natürlich verloren. Und jetzt wieder diese düsteren Vorahnungen! Ich will mich aber nicht verrückt machen lassen. Und so glaube ihm auch dieses Mal nicht. „Bei mir gibt es nichts. Ich bin eine brave Bürgerin."
Der beste Ehemann von allen sieht mich etwas mitleidig an. „Wie kannst du nur so naiv sein. Was ist denn mit deinem entfernten Verwandten aus Ägypten? Das rückt dich doch in die Nähe der Al Quai da! Eure Emails werden bestimmt gelesen. Vielleicht bist du ja eine Schläferin. Und dann dein Patenkind auf den Philippinen", fährt er lauter, nun auch etwas aufgeregter fort. Mit dem Zeigefinger fuchtelt er vor meinem Gesicht herum. „Die hat doch mittlerweile Kinder. Da wird sicher überprüft, ob du nicht an Kinderprostitution beteiligt bist. Dass du auf der verbotenen Seite Kinox warst, wissen sie sicher auch. Nicht zu vergessen deine Freundin in Weißrussland. Das weiß bestimmt Putin, dass du da immer mal wieder hin fährst. Bei denen bist du ja sowieso im System gespeichert. Dazu ebenso, dass du schon in China warst. Zwei Mal!" fügt er mit drohendem Ton hinzu. „Und die vielen Reisen nach Südostasien! Da gibt es doch Drogen. Die könntest du ja schmuggeln. Sogar dein ewiges Skypen nach

Australien wird bestimmt auch aufgezeichnet. Wenn du sagst: ‚Ich freue mich auf das nächste Mal', dann fragen die sich, ob das nicht eine verschlüsselte Botschaft ist." Erschrocken schaue ich den besten Ehemann von allen an. So habe ich das noch gar nicht gesehen.

„Also", fasst er noch einmal zusammen. „Schläferin, Kinderprostitution, illegales Ansehen von Filmen, Kommunistin, Drogenhändlerin und an einer Verschwörung beteiligt. Da kommt schon Einiges zusammen, das eine lückenlose Überwachung rechtfertigt. Die Nazis hätten sich sämtliche Finger nach einem solchen System abgeleckt. Eine Goldgrube wäre das für sie gewesen. ALLES hätten sie gewusst. Und jetzt weiß es eben die NSA. "

Jetzt bin ich doch etwas beunruhigt. Wurde ich nicht bei meinem letzten Besuch in Australien besonders genau überprüft? Und bei der Einreise nach Myanmar wurde mein Pass digital nicht erkannt. Die Beamtin verschwand samt Pass und kam erst nach 5 Minuten wieder. Hatte mein Mann also vielleicht doch Recht? War ich schon überwachungswürdig?

Aber was wäre denn die Alternative zum Internet, so überlege ich? Briefe schreiben? Die werden auch kontrolliert. Telefonieren? Die Gespräche werden abgehört. Mich mit allen nur noch privat treffen? Wer weiß, ob da nicht jemand zu meiner persönlichen Überwachung abgestellt ist. Sehnsüchtig denke ich an George Orwells Roman 1984. Da gab es wenigstens in einem Raum eine tote Ecke, die die Überwachungskameras nicht erfassen konnten. Also nur noch zu Hause bleiben, Internet und Telefon abschalten und nicht mehr

raus gehen? Abgeschnitten von aller Kommunikation? Das wäre dann sicher auch wieder verdächtig.
**Ihre Klara**
***P.S.*** Vielleicht sollte Frau Merkel bei der NSA ein Auskunftsrecht einklagen. Dann könnte ich mein Ranking erfahren und wüsste, wo ich zwischen völlig naiv und hoch gefährlich eingeordnet werde.

## Die E-Zigarette
Vor gut zwei Jahren habe ich mir meine erste E-Zigarette gekauft. Die sind gaaanz schädlich, warnten mich Freundinnen. In der Tat, in der Zeitung fanden sich alarmierende Texte. Der Verbraucherschutz wurde zitiert und dass diese neue Form des Dampfens aus gesundheitlichen Gründen verboten werden solle.
Ich las alles sorgfältig und machte mir so meine Gedanken. Steckte vielleicht die Tabaklobby hinter all diesen Artikeln? Nein, wurde mir gesagt, die E-Zigarette ist wirklich gefährlich!!! Diskutiert wurde, ob sie aufgrund ihres Nikotingehaltes nicht als Arzneimittel eingestuft werden und in Apotheken verkauft werden sollte. Oder auch verboten, wie einige Bundesländer erwogen.
„Gefährliche E-Zigarette", „Geheimrezepturen der E-Zigarette" so und ähnlich titelte die Presse. Besonders schädlich sei ja das Propylenglykol. Das finde sich zwar in Lebensmitteln, aber was das täte, wenn es geraucht würde, wisse man noch nicht. So fand ich in der Onlineausgabe der Zeitschrift „Focus: „Lungenfachärzte warnen vor schädlichen Auswirkungen auf die Atemwege. Eine Studie mit 30 Rauchern habe gezeigt, dass schon nach fünf Inhalier-Minuten auffällig häufig die

Atemwege eingeengt waren, wie die Deutsche Gesellschaft für Pneumologie erklärt. Verantwortlich sei Propylenglykol. Der Dampf bestehe zu 90 Prozent aus Propylenglykol, das industriell auch als Frostschutzmittel eingesetzt wird." Dadurch seien auch die Hustenanfälle beim „Dampfen" zu erklären.

Hm, das klang ja schon bedenklich. Und ich merkte auch, dass die E-Zigarette kein wirklicher Ersatz war, weil ich immer wieder das Bedürfnis nach einer „richtigen" Zigarette hatte. Also gab es für mich die E-Zigarette nur in Kneipen und auf den langen Flügen nach Australien. Ansonsten griff ich zur normalen Zigarette. Wer will schon Propylenglykol einatmen?

Nun las ich vor einer Woche in der Hamburger Morgenpost online, dass in Zigaretten außer Nikotin noch 14 weitere suchterzeugende Stoffe eingebunden sind. Und alle haben zusätzlich noch einen anderen Zweck. Sie verhindern, dass der Tabak bitter schmeckt, sie sorgen dafür, dass schöner weißer Rauch aufsteigt, sie regulieren die Geschwindigkeit der Verbrennung des Tabaks, und, und, und.... Auf Lebensmitteln muss ja stehen, was alles drin ist, nicht so auf den Zigarettenpackungen. Trotzdem ist das ja alles nicht neu. Für mich erklärte sich so, weshalb die „richtige" Zigarette immer noch besser schmeckte, als die elektronische, weil nicht nur das Nikotin süchtig macht.

Vor allem aber fand ich interessant, dass in Zigaretten – ahnt ihr es?- auch Propylenglykol vorhanden ist. Das verhindert das Austrocknen und macht Zigaretten schmackhafter. Und gegen den Husten, den das verursacht, gibt es dann im Tabak ein weiteres Mittelchen. Na so was, in Tabak ist Propylenglykol also nicht so ge-

fährlich, sonst hätte die Presse doch schon längst davor gewarnt. Oder hat da etwa doch die Tabaklobby ihre Hände im Spiel?
Heute hatte ich im E-Zigaretten Geschäft mit dem Verkäufer meines Vertrauens noch ein interessantes Gespräch. In letzter Zeit ist es ja um die E-Zigarette ziemlich ruhig geworden. Ich dachte, weil sie sich doch nicht so durchgesetzt hat und alle, so wie ich, doch wieder zur „richtigen" Zigarette greifen. „Ganz im Gegenteil", meinte der Verkäufer, „ein großer Tabakkonzern hat eine E-Zigarettenfirma aufgekauft und wirbt jetzt heftigst dafür." Ach was!
**Ihre Klara**
*P.S.* Ich sehe ob dieses Artikels meine Tochter missbilligend den Kopf schütteln mit der Mahnung, nun doch endlich aufzuhören mit der Qualmerei. Recht hat sie.

## Balkomania

Ein Balkon sollte eigentlich zum Erholen da sein und wenig Arbeit machen. Meiner hat jedoch seit geraumer Zeit ein beträchtliches Eigenleben in die entgegengesetzte Richtung entwickelt.
Angefangen habe ich ganz klein, mit ein paar Stiefmütterchen und Primeln im Blumenkasten, die im Sommer durch die Geranien ersetzt wurden, wie es sich eben für einen ordentlichen Südstadtbalkon gehört. Und dann fing es ganz harmlos mit einer Clematis an, die mir meine Tochter zum Geburtstag schenkte. Die blauen Blüten versetzten mich in einen regelrechten Rausch und ich wollte mehr!!! Seither wandele ich schon fast süchtig durch Gärtnereien. Ich gebe mehr Geld für Pflanzen aus als für Kleidung. Ab Februar bin

ich einmal die Woche unterwegs, um neue Pflanzen zu kaufen oder alte zu ersetzen. 28 Kübel sind es auf 14 Quadratmetern, mit Clematis, Rosen, Kirschlorbeer, Bambus, Buchsbaum, Malven, Kräutern, fetter Henne, und einjährigen Sommerpflanzen. Und es gibt auch noch eine barbusige Schaufensterpuppe, die schweigend auf die Pflanzenpracht schaut. Letztes Jahr nistete eine Amsel in einer Ecke hinter dem Ginkgo, und in diesem Jahr habe ich noch einen Nistkasten aufgehängt. Ich schleppe klaglos Gartenerde und Pflanzendünger in den zweiten Stock, ganz zu schweigen von den zehn Wassereimern, mit denen zwei Mal in der Woche gegossen werden muss. Täglich zupfe ich vertrocknete Blüten, topfe um und besorge größere Gefäße. Natürlich rede ich auch mit den Pflanzen, denn wie wir wissen, brauchen sie Ansprache, um gut zu gedeihen. Verreist bin ich schon lange nicht mehr, weil die Pflanzen ja gegossen werden müssen.

**Ihre Klara**

*P.S.* An Erholung auf dem Balkon ist leider nicht zu denken, denn dort steht nur ein kleiner wackeliger Küchenstuhl, weil für einen Liegestuhl gar kein Platz mehr ist.

## Falten sind gelebtes Leben

Kürzlich saß ich mit Alex und Kerstin auf der Bank vor dem Haus. Die Sonne schien, es war warm und die Menschen, die vorbei gingen, grüßten (sage noch einmal jemand etwas über die SüdstädterInnen). Feline, die Katze, lag auf meinem Schoß und schnurrte. Die Idylle wurde etwas getrübt, als Alex die ultimative Frage stellte: „Wie alt bist du eigentlich?" „Aha", sagte sie

auf meine Altersangabe hin und nickte. Das war nun nicht die richtige Antwort und ich sagte es auch. Kerstin bekam einen Lachkrampf und Alex schaute verwirrt. „Was habe ich denn falsch gemacht?" war ihre Frage, was Kerstin einen neuerlichen Lachkrampf entlockte.
Sehnsuchtsvoll dachte ich an meine Zeit als Lehrerin, die erst ein knappes Jahr vorbei ist. Wenn mich die Schülerinnen dort nach dem Alter fragten, ließ ich sie schätzen. „50?" fragten sie vorsichtig und ich hätte sie knutschen können. Nach so einer Stunde hüpfte ich, gar nicht altersgemäß, durch die Schule und freute mich meines Lebens. Da störte es mich auch nicht, dass SchülerInnen Menschen, die 40 sind, schon für uralt halten. Sie hielten mich für 50, also etwas jünger als ihre Großeltern, aber ich freute mich trotzdem.
Nun habe ich keine SchülerInnen mehr und die Falten im Gesicht sind im letzten Jahr auch deutlich mehr geworden. Jeden Morgen, ich habe ja jetzt Zeit ohne den Schulstress, stehe ich kritischen Blicks vor dem Spiegel, ziemlich lange, betrachte meine Falten, vor allem um den Mund, und creme hingebungsvoll mein Gesicht mit diesen teuren Cremes, die versprechen, dass die Falten davon weg gehen. Und massieren tue ich auch. Meine Haut und meine Falten nur scheinen das nicht zu schätzen. Es hilft nämlich gar nix.
Freundin Eva zeigte mir kürzlich Übungen, die die Falten wegzaubern sollen. Zunge an die Nasenspitze und dann, Zunge immer noch an der Nasenspitze, „x" und „u" sagen. Das dreimal am Tag für 15 Minuten drei Monate lang, und dann sind die Falten weg. Aber nur, wenn ich weiterhin die Übungen mache. Muskelkater

macht es. Ich habe es drei Tage durch gehalten, aber dann wegen des Muskelkaters wieder aufgegeben. Und wer sagt mir, dass das überhaupt hilft? Drei Monate Arbeit plus Muskelkater ertragen womöglich für nix. Abgesehen davon, dass ich meine Zunge gar nicht an die Nasenspitze bekomme. Sie hält circa drei Zentimeter vorher an.
So habe ich über ein Lifting nachgedacht. Ernsthaft! .Aber das ist teuer. Preiswerter in Tschechien als im heimischen Deutschland, aber immer noch viel Geld. Dafür kann ich mindestens dreimal nach Myanmar fliegen. Da male ich doch lieber ein Bild und fliege in die Sonne, und versöhne mich mit meinen Falten, anstatt wie Beate Uhse auszusehen. Die sah ja fast schon aus wie eine Mumie. Die Falten sind ja gelebtes Leben, wie immer tröstend gesagt wird. Also: Ich habe gelebt!

**Ihre Klara**

**P.S.** Hallo Alex: Die richtige Antwort wäre gewesen: „Also das hätte ich nun nicht gedacht."

## Das Heftpflaster im Bücherregal

Also, das ist ja so: Seit ich in meine jetzige Wohnung gezogen bin, habe ich ein Arbeitszimmer, in dem ich seit 8 Jahren täglich zwei bis drei Stunden verbracht habe. Korrekturen, Verwaltung, Zensuren schreiben, alles das in einem vertrauten Raum. Rundherum an den Wänden die Bücher, die ich so im Laufe meines Lebens gelesen oder auch nur ungelesen ins Regal gestellt hatte. Die feministische Literatur aus den 8oern, die Fachliteratur aus dem Studium, die Schmöker, die Schulbücher für Erdkunde, Englisch und Lehrersuper-

vision, die psychoanalytische Literatur nicht zu vergessen.
Alles hatte seinen Platz. Bücher konnte ich fast blind finden. Im Laufe der Zeit wusste ich, wo sie standen. Freie Plätze wurden mit Sachen belegt, die ich sonst nirgends woanders unterbringen konnte. Irgendwann war alles VOLL. Gerade noch rechtzeitig hörte ich in der Schule auf. Die Schulbücher wurden entsorgt, die freien Regalbretter allerdings füllten sich schnell mit allerlei Krimskrams. Es war ja jetzt wieder Platz. Aber neue Bücher wollte ich nicht mehr haben.
Als erstes schaffte ich mir deswegen einen E-Book Reader an. Nix mehr mit „sinnlichem" Vergnügen, die Seiten umzublättern. Das geschah auf Knopfdruck. Dafür hatte ich nun alle neuen Bücher in einem 400 Gramm schweren Teil bei mir. Das ist im Urlaub praktisch, weil ich nicht mehr kiloweise Taschenbücher mitschleppe und außerdem sollte ja im Arbeitszimmer kein neues Buch mehr ins Regal kommen. Sogar meine Mutter konnte ich zu einem E-Book Reader überreden. Sie nahm dann mit den 400 Gramm Elektronik 10 nette Wälzer mit ins Krankenhaus.
Dann sortierte ich eineinhalb Jahre nach Schulschluss in einem Anfall von Ordnungswut die ganze Belletristik aus, die ich nie mehr lesen würde. Damit andere noch Freude daran hätten, schaffte ich sie in den nahegelegenen öffentlichen Bücherschrank. Nun waren gleich mehrere Regalbretter frei, insgesamt so ca. 6 Meter Länge. Aber Bücher wollte ich ja nicht mehr haben. Also ließ ich die Regalbretter erst einmal leer.
„Brauchst du eigentlich noch dein Arbeitszimmer?" fragte meine Tochter bei ihrem Deutschlandbesuch.

Ja, so eine Stunde pro Woche schon, aber manchmal auch gar nicht. Wir überlegten, dass ich, wenn ich alles etwas sortierte und komprimierte, eine Wand frei von Regalen räumen könnte und dann wäre dort Platz für ein Gästesofa.

Also machte ich mich an die Arbeit. Es war ziemlich staubig, nicht nur auf den Büchern, sondern auch hinter den Regalen. Und nun kommt das in der Überschrift erwähnte Heftpflaster ins Spiel. Das hatte ich nämlich gesucht und nicht gefunden, als ich mich in den Finger geschnitten hatte. In Ermangelung von Heftpflaster hatte ich mir dann Küchenpapier um den blutenden Finger gewickelt und mit einem Gummiband befestigt. Das war zwar nicht besonders praktisch, aber immerhin tropfte kein Blut mehr. Nun fand ich besagtes Heftpflaster auf einem der vormals freien Plätze neben den Brillenputztüchern, der Schulkreide und einem Opernfernglas. Damit nicht genug. Es fand sich auch die längst vermisste Kappe für den USB Stick, mein Lieblingskugelschreiber (der war unter ein Regal gerollt), etliche Batterien, eine Zigarettenschachtel, Schrauben, Dübel, der Kreuzschlitzschraubenzieher, den ich so oft benötigt hätte, und ziemlich viele Wollmäuse. Die Katze hatte Spielbälle, Leckerlis und Wollknäuel unter die Regale gerollt und dann nicht mehr herausfischen können oder auch einfach dort vergessen. In einem Lastenseil, das ich vor 33 Jahren aus Bolivien mitgebracht habe, wohnten die Motten, deren Herkunft ich bislang nicht lokalisieren konnte. Einen Sonntag hat mich das Sortieren und Umräumen gekostet. Da ich bei der Arbeit ziemlich geschwitzt habe, sparte ich die Heizkosten.

Nun ist alles schick, kompakt und staubfrei. Wenn die frei gewordene Wand gestrichen ist, kommt dort ein Gästesofa hin. Das möchte Ulrich mit aussuchen, weil er das im Wohnzimmer unbequem findet.
**Ihre Klara**
***P.S.*** Wenn ich nur wüsste, wo ich das jetzt Gartenbuch einsortiert habe, in dem ausführlich über Schädlingsbekämpfung von Kübelpflanzen berichtet wird. Aber das brauche ich erst im nächsten Frühjahr wieder und bis dahin werde ich es wohl gefunden haben.

## Männliche Wechseljahre
Wir Frauen wissen ja, wie das ist mit den Wechseljahren. Mit dem Schwund der Östrogene, dem Weiblichkeitshormon, kommen die Beschwerden: die Heulkrämpfe, die Schlaflosigkeit, die Hitzewallungen, der Damenbart. Das meiste verschwindet dann aber mit den Jahren, so wie auch die Lust auf Sex. Der Damenbart bleibt leider gelegentlich.
Es soll ja Frauen geben, bei denen das nicht so ist. Ich allerdings kenne keine. Und meine Freundinnen sind schon alle durch die Wechseljahre durch. Keine von ihnen verfiel ins Koma, nur weil sie nicht mehr gebärfähig war und sich der Körper veränderte. Das sind wir schließlich gewohnt. Kennen das lebenslang. Und trotz der geringeren Lust und Gebärfähigkeit fühle ich mich, und auch alle meine Freundinnen, nach wie vor als Frau. Und mein Ehemann, übrigens der beste von allen, bescheinigt mir auch noch oft genug Attraktivität. Na bitte!
Männer ticken da leider anders. Mit 18 sehen sie in den Spiegel, finden sich toll, und dieses Bild bleibt bis

sie 80 oder älter sind. Sie sehen sich nämlich nicht mehr, so wie wir Frauen, täglich kritisch im Spiegel an, registrieren nicht jede kleinste Veränderung, sondern behalten das Bild des ehemals attraktiven 18jährigen im Gedächtnis. Was für eine Gabe!

Das änderte sich dann aber ganz plötzlich. Mein Ehemann bekam die Diagnose Prostatakrebs. Vorsorge und Fürsorge für den Körper hielt er bis dahin für verzichtbar. Er ist ja unverwundbar. Die Sorge um den Körper, wie wir Frauen es kennen, weil wir monatlich an Veränderungen erinnert werden, war ihm fremd. Also waren auch Vorsorgeuntersuchungen nur Zeichen von – weiblicher?- Verweichlichung. Er verzichtete darauf.

Nun aber musste er sich der Realität und den Konsequenzen seiner bisherigen Sorglosigkeit stellen. Er bekam eine Hormonentzugstherapie, um dem Krebs Einhalt zu gebieten. So wie bei uns das Östrogen weg geht, war es bei ihm mit dem Testosteron. Es war einfach nicht mehr da. Und deshalb kam er auch – hormonbedingt - in die Wechseljahre: Hitzewallungen, Schlaflosigkeit, veränderter Körper, das ganze Programm. Heulkrämpfe hatte er nicht, dafür wuchsen auf der Glatze wieder Haare. Auf diese Veränderungen war er jedoch, im Gegensatz zu uns Frauen, nicht im Geringsten vorbereitet.

Fortan glaubte er, dass nun, mit dem Verlust seiner Zeugungsfähigkeit, auch seine Männlichkeit futsch sei. So sagte er es mir jedenfalls. Und fand sich auch überhaupt nicht mehr attraktiv. Dass mich ganz andere Sachen an ihm interessieren als ausgerechnet seine Zeugungsfähigkeit, mit der ich sowieso nichts mehr anfangen kann, wollte er nicht wahr haben. Er ist humorvoll, ausgesprochen tolerant und von mir begeistert (was ich ausgesprochen schätze). Habe ich seine Intelligenz und Intellektualität erwähnt? Sein Interesse an der Welt? Seine kluge Kritik an mir? Sein Interesse an der Jugend, und was sie bewegt? All das zählte plötzlich nicht mehr, er stellte sein Interesse an der Welt – und weitestgehend auch an mir - ein, weil seine „Männlichkeit" nicht mehr da war. Kurzum, er verfiel ins Koma. Er meinte, innerhalb von drei Jahren sterben zu müssen. Und das entgegen ärztlicher Aussagen.

Er unterstellte mir sogar, ich würde mir nun einen anderen suchen wegen dem Sex oder des Sexes (Der Dativ ist sein Genitiv der Tod!) Was für ein Blödsinn! Dass ich nun nicht gerade unglücklich über die Entwicklung war, ganz im Gegensatz dazu, was die Regenbogenpresse schreibt, wollte ihm nicht im Geringsten einleuchten.

Ich persönlich fand ja, dass so um die 45 Jahre Sex für mich persönlich genug sind und ich den Rest meines Lebens unbeschwert verbringen möchte, interessiert an der Befindlichkeit meines Ehemanns und anderen spannenden Dingen des Lebens.

Kinder konnte ich auch nicht mehr kriegen und wollte ich auch nicht mehr. Meine Freundinnen verstanden das, mein Ehemann verstand das leider nicht. Er fühlte sich fortan als Null.

Es gab eine Ehekrise samt Eheberater und heftigen Auseinandersetzungen. Mein Ehemann, der beste von allen, zog sich zurück auf seine innere Befindlichkeit und in seine Wohnung. Er fiel ins Koma und litt, und

ich litt auch. Nicht wegen des fehlenden Sexes, sondern wegen der fehlenden Kommunikation, wegen der fehlenden Intimität, wegen der fehlenden Geselligkeit.
Nach nun mehr drei Jahren scheint mein Ehemann begriffen zu haben, dass ich ihn nicht wegen des - zugegebenermaßen guten - fehlenden Sexes verlassen werde, auch nicht, weil er keine Kinder mehr zeugen kann, sondern dass ich wegen ganz anderer Qualitäten bei ihm bleibe. Und er glaubt auch nicht mehr, dass er wegen der Wechseljahre, in denen er nun ist, morgen sterben wird. Und außerdem glaubt er auch nicht mehr, dass er kein Mann mehr ist. Das ist er immer noch.
Wer wüsste das besser als ich!
**Ihre Klara**
*P.S.* Da die PSA-Werte konstant sind, wird mein Ehemann eher an anderen Krankheiten sterben, denn am Krebs. In 16 Jahren haben wir Silberhochzeit. Ihr seid schon jetzt herzlich dazu eingeladen.

## Oldies steppen
Nun bin ich eine Oldie und habe mich als solche einer „Senioren-Stepptanz-Gruppe" angeschlossen. Die Klapperschlange nennen sie sich, obwohl keine von ihnen aktiv die bewegten Achtundsechziger und die Frauenbewegung miterlebt hat. Dazu waren sie schon zu alt. Meine Freundin Andrea und ich hätten das damals Klasse gefunden, diesen Namen. Klapperschlangen sind nämlich tödlich mit ihrem Biss. Vor allem bei Männern. Aber diese Symbolik versteht leider heute kaum jemand mehr.

In dieser, aus Altersgründen, nicht-feministischen Oldie Gruppe bin ich die zweitjüngste, Freundin Erika ist noch 5 Jahre jünger, aber sonst sind alle schon über 70, die Leiterin 81.
„Wir hüpfen nicht mehr", wurde ich bei meinem Eintritt belehrt. „Da wackelt zu viel." Hm, bei Freundin Erika und Steppfreundin Elvira kann das nicht sein. Da ist die Körbchengröße im Alter geschrumpft auf A. Das ist nach den Wechseljahren auch eigentlich normal, habe ich mir sagen lassen. Die Körper der anderen der Gruppe scheinen das aber nicht zu wissen. Das würde wackeln, ziemlich! Also hüpfen wir nicht mehr. Mir soll es recht sein. Wer weiß, wie meine Körbchengröße in einigen Jahren ausfällt.
Bei der Einstudierung der Haremsnummer streikte ich. Alle sollten als Haremsdamen dem Scheich in seinen Harem folgen. Ich doch nicht!!! Da mache ich nicht mit! Wofür habe ich denn gekämpft, damals. Bestimmt nicht, um als Haremsdame zu enden. Die Hüpfladies verstanden diese Haltung nicht wirklich (ist doch nur Scherz, sagten sie), nun bin ich aus der Nummer raus. Schade eigentlich, Haremsdame ist eine Erfahrung, die ich noch nicht gemacht habe. Dafür darf ich jetzt in der Zirkusnummer als Seiltänzerin auftreten. Mit rosa Tutu. Mein bester Ehemann von allen bekam einen Lachkrampf, als er mich sah.
Kürzlich war ich zum ersten Mal bei einem Auftritt dabei und somit auch in der Umkleidekabine. Chaos pur! Alle Requisiten flogen durcheinander und keine fand, was sie brauchte. „Mein Handschuh", rief Ute, „kannst du mir einen leihen?" Klar doch, bei mir gab es nämlich drei im Koffer. Vielleicht ein Versehen von der

letzten Probe? Vielleicht schon ein Anzeichen von Demenz? Nicht doch, steppen erfordert die Aktivität von der linken und rechten Gehirnhälfte. Und das hilft – gegen Demenz und gegen alles andere auch.
„Oh nein", rief Elvira. „kann mir eine von euch eine Strumpfhose leihen? Ich habe nur meine Stützstrümpfe eingepackt." Erika sprang helfend zur Seite, sie hatte eine Ersatzstrumpfhose.
„Wer kann noch gut gucken?", wollte Ute wissen. „Ich kann meine Schuhe nicht mehr schließen." Ich bot mich an. Schließlich habe ich vor drei Jahren eine Augen OP glücklich überstanden. Mit den neuen Linsen kann ich super sehen. Also konnte ich den Dorn des Schuhs in den Riegel einführen.
„Oh", rief Anke ganz laut, als Gesine sich an Elviras Gesicht zu schaffen machte. „Nicht dem Pierrot wieder ein blaues Auge verpassen." Gesine ist etwas farbenblind mittlerweile und bräuchte auch eher eine Lupe fürs Schminken. Sie hätte den Pierrot wohl verschandelt mit ihren Schminkversuchen. „Ich mach' das schon!" Doris sprang ein.
„Immer dies Schminken in weiß", murmelte Elvira als Pierrot, „da sehe ich schon aus, wie gestorben. Na ja, kommt auch schon nicht mehr wirklich darauf an."
Unser Auftritt in der Seniorenbegegnungsstätte wurde bejubelt.

**Ihre Klara**

**P.S.** Als Sechsjährige wollte ich Seiltänzerin werden. Nun kann ich mir als Seniorin diesen Wunsch noch erfüllen! Na bitte!

## TravellerInnen

Wir waren zu fünft. Ein Schweizer, eine Österreicherin, eine Deutsche nebst Freund und ich. Alle TravellerInnen, auf eigene Faust unterwegs. Wir trafen uns am Strand von Ngapali in Myanmar und saßen bei einem Mandalay-Bier zusammen.

Traveller, auch Backpacker oder Individualreisende genannt, wollen Land und Leute kennen lernen und blicken herab auf die Pauschaltouristen, die sich bekanntlich nicht aus ihren Hotels heraus trauen, es sei denn, sie werden im klimatisierten Bus abgeholt. Und so bekommen diese Pauschalis auch nichts mit von dem wirklichen Leben im Land. Sie zahlen überhöhte Preise, beklagen sich, dass das Essen nicht so ist wie zu Hause, holen sich am Strand einen heftigen Sonnenbrand und trinken abends Sundowner.

Nicht so die BackpackerInnen. Die kriechen in die letzten noch unentdeckten Ecken, die dementsprechend schmutzig und gar nicht schön sind, denn sonst ständen dort nämlich mindestens schon ein Hotel und ein Souvenirstand. Sie essen bei Einheimischen, fahren zusammen mit Mensch und Vieh in übervollen Bussen über Land und schlafen auch schon einmal in einer einfachen Hütte auf dem Fußboden. Sie haben den Lonely Planet oder Stefan Looses Reiseführer im Gepäck samt dem Kauderwelsch-Lexikon. Und so können sie auch bruchstückhaft die Sprache des Landes. „Guten Morgen – danke schön – habe ich schon – was kostet das – zu teuer" sind die Versatzstücke, die überall dort gelernt werden müssen, wo kein Englisch gesprochen wird.

Und weil Traveller dies alles tun, und nur deshalb, sind sie die wahren Reisenden, die EntdeckerInnen, die, die wirklich etwas vom Land und ihren Menschen verstehen.

Also hätten sich unser Gespräche am Strand von Ngapali in Myanmar, dem ehemaligen Burma, auch um Land und Leute drehen müssen. Schließlich hatte Obama gerade Aung Sang Su Kyi, die burmesische Friedensnobelpreisträgerin geküsst, im Rakhaing Staat wurden gerade wieder die Rohingyas verfolgt, und auch der edle achtfache Pfad des Buddhismus hätte sich zum Austausch angeboten. Erst einmal bewunderten wir den Sonnenuntergang und dann wurde mit der Bemerkung: „Also ich finde ja, dass die Qualität dieses Strandes nicht an die von Puket in Thailand heran reicht" das Nach-Sonnen-untergang-Gespräch eröffnet.

Heftiger Protest machte sich breit und die Strände dieser Welt wurden in einen Qualitätsmaßstab gepresst, ganz individuell natürlich.

„Und Korallen gibt es hier schon gar nicht" war ein anderes Votum. Darauf entspann sich eine Diskussion darüber, wo die schönsten Hausriffs, die seltensten Fische und die am besten erhaltenen Korallen zu finden sind. Es gab ein Kopf an Kopf Rennen zwischen dem Roten Meer und dem Great Barrier Reef.

Übertrumpft wurde es jedoch von der Bemerkung (mein ureigenster Beitrag): „Das Hausriff von Siladen, einer Insel vor Nordsulawesi, ist unübertroffen. Da kommt nichts anderes mit."

Die anderen schwiegen betroffen. Siladen kannten sie leider nicht.

„Auf Koh Samui soll es seit Neuestem Sandflöhe geben." Nun konnten sich alle wieder lebhaft beteiligen und Begebenheiten zu diesem Thema berichten.
Die Gespräche im weiteren Verlauf dieser Tropennacht drehten sich um:
- Die Größe der Kakerlaken in verschiedenen Ländern,
- Die Qualität der Flughäfen dieser Welt,
- Das Preisniveau hier und dort, und wo es sich am billigsten reisen lässt,
- Die miterlebten Katastrophen, vom Erdbeben bis zum Tsunami, vordem rechtzeitig abgereist wurde, glücklicherweise, da es da ja so eine unerklärliche Ahnung gab,
- Die anstrengendsten Trekkingtouren,
- Die giftigsten Tiere und Begegnungen mit ihnen
- Und vor allem: die noch unentdeckten Ecken, die in keinem Reiseführer zu finden sind,

Etliche Biere und viele Geheimtipps später gingen wir schlafen, um am nächsten Morgen, ganz individuell, weiter zu reisen.

**Ihre Klara**

*P.S.* Zwei Tage später trafen wir uns in Bagan (die Tempel dort sind eines der Highlights Myanmars) wieder. Da hätten wir auch gleich als Gruppe reisen können.

## Windwäsche und Körbchengröße

Wir waren zu dritt, Anne, Emma und ich. Wie waren wir nur auf das Thema Oberweite gekommen? Die anderen Frauen waren schon gegangen und wir hatten eines dieser typischen Frauengespräche. Ich brauchte noch einen neuen Bikini, wollte ich doch dem Winter entfliehen und in die Sonne fliegen.

„Bei H & M findest du bestimmt was", sagte Emma. „Die haben Oberteile und Bikinihöschen, die du größenmäßig getrennt kaufen kannst." Sie musterte dabei eindringlich meine Figur. Ich zog gewohnheitsmäßig ob dieser Musterung meinen Bauch etwas ein, entspannte mich dann aber. Bei dem weiten Oberteil, das ich trug, konnte man ihn sowieso nicht sehen.

Anne stieß einen tiefen Seufzer aus. „Das hätte es mal früher geben sollen. Wenn mir die Oberteile passten, dann konnte ich die Hosen bis zu den Knien ziehen, wenn die Hosen passten, dann quoll oben alles raus. Mittlerweile habe ich mich mit meinen zwei Süßen ausgesöhnt." Stolz streckte sie uns ihre Brüste entgegen, die wir mit angemessenem Schweigen musterten. Dann verriet sie uns, dass sie Körbchengröße D hat.

Na ja, so ganz glaubte ich ihr die Aussöhnung nicht und versuchte sie damit zu trösten, dass die Taille bei Körbchengröße D schmaler wirke, als sie tatsächlich sei und Emma nickte bestätigend, während sie auch Annes Körper kritisch musterte.

„Da sieht sowieso keiner hin, die schauen alle weiter oben", sagte Anne und grinste dabei. Nun war es Emma, die tief seufzte. „Wenn ich wenigstens was hätte", merkte sie an. „Ich nenne sie mein kleines Nichts. Selbst Körbchengröße A ist noch zu groß. In den

Wechseljahren sollen sie ja noch wachsen, aber soweit bin ich leider noch nicht. Immerhin habe ich bislang die Hoffnung nicht aufgegeben. Vielleicht wird es ja einmal sogar Körbchengröße B."
Nun konnte ich mich zu Wort melden und Emma versichern, dass die Oberweite tatsächlich nach den Wechseljahren zunimmt. „Allerdings", so fügte ich hinzu, „wachsen die Speckröllchen auch, ohne dass du zunimmst."
„Macht nichts", sagte Emma, „Speck wärmt. Dann brauche ich am Strand vielleicht auch keine Windwäsche mehr."
Wir sahen sie erstaunt an. Windwäsche? Noch nie gehört. Emma erklärte, dass Windwäsche am Strand gegen ihre so häufigen Nierenbeckenentzündungen helfen würde. Sie nannte auch den Fachausdruck: Pyelonephritis. Wow, das könnte ich ja noch nicht einmal korrekt buchstabieren. Emma fuhr fort, dass sie ja in der Sonne schwitze, der Wind würde dann abkühlen, und schwupps hätte sie die Poly – dingsda. Ich empfahl ihr, in den Schatten zu gehen, da würde sie nicht so schwitzen. Das sei dann zu kalt, sagte Emma, und dann käme noch eine dicke Erkältung hinzu, trotz Windwäsche.
„Boah, ey", griff nun Anne wieder das vorherige Thema auf, „für noch mehr Oberweite nach den Wechseljahren gibt es doch gar keine Bikinis mehr." Sie sah etwas resigniert an sich herunter.
Wir sahen sie mitleidig wissend an und ich verkniff mir die Bemerkung, dass dann ein Bikini sowieso nicht mehr angesagt sei. Neben der Oberweite hätte sie bestimmt noch zu kämpfen mit Cellulitis, Krampfadern,

Hängebauch, schlaffer Haut an den Oberarmen, und was wir noch so alles durch den Verlust des Östrogens erdulden müssen Da hilft dann nur noch Emmas Windwäsche als Ganzkörperverhüllung am Strand.
**Ihre Klara**
**P.S.** Ich habe tatsächlich bei H & M einen Bikini gefunden, Hose und Oberteil in Größe 40, mich dann aber doch lieber für einen Badeanzug entschieden. Der strafft den Bauch noch etwas.

## Zugreisen

Ich fliege ja gerne. Mit dem Zug reise ich eher nicht. Jedes Mal nämlich hat MEIN Zug Verspätung, das Flugzeug hingegen nie. Nach Frankfurt muss ich zum Beispiel deshalb vorsichtshalber einen Zug früher fahren, damit ich das Flugzeug nicht verpasse.

Nun hatte ich eine Fortbildung im Kloster Messelhausen und dahin geht leider kein Flugzeug. Also hatte ich die Wahl zwischen eigenem PKW oder der Bahn. Da die Bahn schneller ist als das Auto, kaufte ich mit also hoffnungsfroh die Bahntickets.

Auf der Hinfahrt gab es, (Wen wundert es? Mich nicht!) eine halbe Stunde Verspätung und ich verpasste den Anschlusszug nach Messelhausen. Es galt, einen neuen Zug in Erfahrung zu bringen und dann das Kloster anzurufen um den Taxiabholdienst umzubestellen. Immerhin erfuhr ich, dass es einen weiteren Teilnehmer gab, der auch unter der Verspätung zu leiden hatte.

Er war der Einzige, der mit einem Koffer in die Regionalbahn einstieg, also leicht zu erkennen, und so hatte ich mit Matthias wenigstens nette Gesellschaft für die restliche Fahrt. Wir kamen gerade noch rechtzeitig zum Kaffeetrinken an. Das Auspacken musste bis nach dem Abendessen warten. Die PKW Reisende aus Göttingen kam mit etlicher Verspätung an, weil ihre Scheibenwaschanlage eingefroren war und in der Werkstatt enteist werden musste.

Für die Rückfahrt hatte ich die Möglichkeit, als Mitfahrerin per PKW nach Göttingen zu reisen und dann mit dem Zug weiter nach Hannover. Die Scheibenwaschanlage, auf der Hinfahrt noch eingefroren, funktionierte zwar, aber da es heftig geschneit hatte, war mir der Zug, was die Fahrtzeit betraf, dann doch sicherer. Außerdem hatte ich mit Matthias wieder einen netten Mitreisenden. Er musste nach Bremen.

Hoffnungsfroh stiegen wir also in den Zug. Wir vertrieben uns die Zeit, indem wir auf meinem Laptop die letzten Australienfotos anschauten, als es plötzlich, im Tunnel, heftig krachte.

„Eis", beruhigte mich Matthias. Ich entspannte mich. 5 Minuten später jedoch kam der Zug zum Stehen. „Triebwerkschaden" meldete die freundliche Lautsprecherstimme. „Wir reparieren das."

„Oh weh", sagte mein Mann, den ich per Handy informierte. „Da werdet ihr per Bus weiter reisen." „Abwarten", sagte Matthias. Also wartete ich ab, wieder einmal hoffnungsfroh. Die freundliche Lautsprecherstimme meldete sich wieder. „Wir können den Schaden noch nicht beheben, die Verspätung beträgt zurzeit 60 Minuten." „Friert ihr?" fragte mein Mann am Handy. Nein, es gab keinen Stromausfall und somit nach wie vor Hoffnung.

Zwei Stunden und etlichen „Sorry-Meldungen" der freundlichen Lautsprecherstimme später mussten wir die hinteren Wagen des Zuges verlassen, um in die vorderen Wagen zu gelangen. Das war nämlich der Zug nach Hamburg, sollte in Hannover abgekoppelt werden, und hatte somit eine eigene Lokomotive.

Das war für mich nun nicht ganz einfach. Ich hatte einen Trolley und in meiner Reisetasche steckten lange „Barbarazweige". „Lass uns warten", raunte mir Matthias zu. „Da könnte Panik ausbrechen." Also warteten wir, nach unserer Fortbildung „Familienaufstellung", gelassen und heiter. Die Panik brach nicht aus und wir machten uns schlussendlich auf den Weg durch 4 Wagen hindurch, weil nur dort eine Tür offen war. Matthias ging fürsorglich hinter mir, damit ich mit den Barbarazweigen, die bedrohlich aus der Reisetasche heraus ragten, niemandem die Augen ausstach.

Im Zug nach Hamburg angekommen hoffte ich auf einen Sitzplatz in der ersten Klasse. Drei Wagen mussten wir durchschreiten, ehe die Menschenschlange vor uns stoppte. Nichts ging mehr. Ziemlich kurz vor der ersten Klasse. Immerhin war für mich ein Plätzchen im Gang auf dem Fußboden frei. Matthias stand lieber. Knieprobleme? Ich fragte nicht. Der reizende griechische Angestellte des Bistros spendierte mir ein Glas Rotwein. Er hatte mit mir, der älteren Dame, die im Schneidersitz auf dem Fußboden saß, Mitleid, sagte er. Danke schön!

„Wir fahren", strahlte Matthias als der Zug anfuhr. Das klang fast wie das „Wir zieh'n" von Maria Furtwängler, die im Film „Die Flucht" den Flüchtlingstreck anführt.

Sehnsüchtig dachte ich an meine Flüge, die, mit einer Ausnahme, bisher immer pünktlich waren.
**Ihre Klara**
***P.S.*** Wir kamen mit fast 4 Stunden Verspätung in Hannover an. In der Zeit hätte ich locker nach Kairo, auf die Kanaren, oder in die Türkei fliegen können. Die Verspätungen für die Zugfahrt nach Frankfurt natürlich nicht eingerechnet

## Auf der Höhe der Zeit

Vor einem Jahr habe ich mir ein Handy gekauft. Nicht etwa, weil ich meinte dringend eines zu brauchen. Nein, ich fühlte mich nur ohne eines wie der letzte Depp. Meine Freundinnen, mein Mann, meine Tochter, sogar meine Mutter besaßen es schon lange, nur ich noch nicht. Nun lasse ich mir in meinem Alter nicht gerne nachsagen, ich sei nicht auf der Höhe der Zeit. Als also die nächste Werbung für ein Handy auf meinen Schreibtisch flatterte, so eine mit 'monatlicher Grundgebühr und Freieinheiten und dafür gibt es das Handy für einen Euro dazu', war ich plötzlich mit unserer technisierten Welt verbunden. Mutig kämpfte ich mich durch die Gebrauchsanweisung und verstand sie sogar. Nach zwei Stunden war das Handy betriebsbereit. Da lag es nun auf meinem Küchentisch und ich saß sinnend davor. Als erstes wählte ich mein eigenes Telefon an. Tatsächlich! Es klingelte. Als nächstes rief ich meinen Mann an und bat ihn, mir eine seiner lieben Nachrichten, die ich immer auf einem Zettel auf dem Küchentisch finde, als SMS zu schicken. 'Ich freue mich auf heute Abend!' las ich nach zwei Minuten. Schön! Leider kann man eine SMS nicht in einem Kas-

ten aufheben, wie ich das mit allen seinen Nachrichten tue. 'Die SMS ist angekommen, aber schreib mir lieber wieder Zettel!' rief ich ihn nochmals an. Nacheinander telefonierte ich mit meinen Freundinnen und outete mich dadurch als moderne, technikkundige Frau. Die monatliche Abrechnung war astronomisch, weil so ein Schwätzchen mit der Freundin nicht nur eine Minute dauert.
Seitdem hängt das Handy bei mir in der Küche, unbenutzt! Ich habe Angst, es zu verlieren. Und bei den beiden Gelegenheiten, bei denen ich es in der Tasche hatte und auch gebraucht hätte, war der Akku leer. Aber ich fand beide Male einen hilfreichen Menschen, der mir sein Handy auslieh.
**Ihre Klara**
*P.S.* Mein Modell ist schon ziemlich veraltet. Vielleicht sollte ich mir einen IPod zulegen. Nur so, um mit der Zeit Schritt zu halten.

## Von Mäusen und Katzen

Seit 1979 bin ich Katzenbesitzerin und habe schon so einiges mit ihnen erlebt. Die ersten waren reine Wohnungskatzen. Da gab es noch nichts Aufregendes. Aber als ich aufs Land zog, wurden die Katzen Freigängerinnen – mit Katzenklappe. Anstatt jedoch die Mäuse im Haus zu fangen, schleppten sie welche rein und ließen sie laufen. Ich sollte offensichtlich lernen, sie zu fangen. Die Katzen taten mit mir das, was ihre Mütter mit ihnen gemacht hatten. Leider musste ich sie enttäuschen, weil ich nicht gelehrig genug war.
Nachdem sie das verstanden hatten, brachten sie immer noch Mäuse ins Haus, dann aber schon tot.

Und jedes Mal, wenn ich aus dem Urlaub zurückkam, lag in der Diele eine tote Maus, sozusagen als Willkommensgeschenk. Eines Tages fand ich eine Maus in der Geschirrspülmaschine. Die durfte der Kater fangen und fortan saß er wie gebannt vor dem Gerät in der Hoffnung, es sei noch eine Maus darin. Doch damit nicht genug. Eines Tages schlüpfte ich in meine Hausschuhe und stieß auf etwas Weiches. Der Kater hatte mir als ganz persönliches Geschenk eine Maus in den Hausschuh platziert. Schimpfen durfte ich natürlich nicht, also lobte ich ihn mit zusammengebissenen Zähnen.

Zurück in der Stadt bekam mein Kater von der Dachterrasse im 1. Stock aus eine Katzentreppe nach unten und war nun auch wieder Freigänger. Brav schleppte er die Mäuse nach Hause, allerdings auch irgendwann einmal ein Stück Bratwurst, das er sich wohl von den grillenden Nachbarn erbettelt hatte. Die Mäuse im Maul setzte ich ihn jedes Mal wieder vor die Tür und mit der Zeit gewöhnte er sich daran. Er kam in die Wohnung, zeigte mir seinen Fang, und wartete dann vor der Tür, Maus im Maul, damit ich ihn auf die Terrasse ließ. Eines Tages verschwand er. Ich hoffe, er hat ein anderes, nettes Zuhause gefunden. Er war nämlich korrumpierbar. Für gutes Futter tat er alles, und die Kirschen in Nachbars Garten sind ja bekanntlich die leckereren. Ich hoffe, es geht ihm gut.

Nun gibt es eine neue Katze im Haus, Feline, die zwar auf die Terrasse darf, aber keine Katzentreppe mehr bekommt, weil ich sie nicht verlieren will und auch von Mäusen in der Wohnung genug habe.

Vor einer Woche jedoch sah ich, wie Feline im Wohnzimmer hinter einer kleinen, äußerst lebendigen, grauen Maus hinter her jagte. Die Maus schien sich in der Wohnung gut auszukennen, denn sie entwischte geschickt. Wo sie wohl hergekommen war? Vielleicht war sie ja eine von den Mäusen, die samt Kater immer auf der Dachterrasse gelandet waren. Und dann hatte sie in einem der großen Blumenkübel überwintert und war irgendwann in die Wohnung gekommen.

Fortan saß Feline lauernd vor den Küchenmöbeln, kroch drunter, kratzte unter der Spülmaschine und machte so deutlich, dass die Maus sich irgendwo in der Küche häuslich niedergelassen hatte. Da ich nicht wusste, ob besagtes Mäuschen vielleicht trächtig ist, besorgte ich schweren Herzens eine Mausefalle, die ich regelmäßig kontrollierte. Eine Mäusefamilie in der Wohnung wäre mir denn doch zu viel gewesen. Die Falle schnappte leider nicht zu, aber der Käse war weg. Die Maus musste also noch in der Küche hausen. Also startete ich einen neuen Versuch mit frischem Käse. Die regelmäßigen Kontrollen ergaben aber auch dieses Mal nichts.

Heute Morgen nun wachte ich auf und fand neben mir im Bett die Mausefalle samt Maus darin. Offensichtlich ein Geschenk von Feline, die die Falle samt Maus unter der Heizung herausgefischt hatte.

**Ihre Klara**

***P.S.*** Mausgeschenke werden nur von liebenden Katzen gebracht. Nun weiß ich also, dass Feline mich nicht nur akzeptiert, sondern auch liebt. Das ist mir die Maus im Bett wert gewesen.

# Die Bravo für SeniorInnen

Ich habe mir eine Rippe gebrochen! Die peinlichen und intimen Details, wie es dazu gekommen ist, möchte ich eigentlich nicht öffentlich machen. Aber die Folgen davon reihen mich eindeutig in die Riege der SeniorInnen ein.

Ich ging nach dem Arztbesuch und der Diagnose: „Ihre Rippe, die 9., ist gebrochen!" in die Apotheke meines Vertrauens, um mir dieses Schmerzmittel gegen den Rippenbruch zu besorgen.

„Möchten Sie die Apotheken Umschau?", fragte die freundliche pharmazeutisch-kaufmännische Angestellte (PKA). „Oh je, die Bravo für SeniorInnen", dachte ich, „das ist nun wirklich unter meinem Niveau."

Nun weiß ich allerdings, dass die Ausbildung zur / zum pharmazeutisch-kaufmännischen Angestellten eine gute Allgemeinbildung sowie gute Kenntnisse in Deutsch, Mathematik und den naturwissenschaftlichen Fächern voraussetzt.

Aus diesem Grund wollte ich die PKA nicht mit intellektueller Überheblichkeit beschämen indem ich allzu arrogant rüber komme und die Apotheken-Umschau als auf „Bravo-Niveau" verblödend ablehne. „Ja, gerne", sagte ich deswegen mit Hinblick auf die Würde der PKA und packte die Apothekenrundschau mitsamt dem Schmerzmittel ein.

Auf dem Heimweg überlegte ich, dass ich noch nie, wirklich NIE, gefragt worden bin, ob ich die Apothekenrundschau haben möchte. Ich muss also dementsprechend alt aussehen. Nun ja, ich habe aufgehört, mich blond zu färben. Ich wollte nicht mehr für dumm gehalten werden. Dafür werde ich jetzt aber für alt ge-

halten, weil meine grauen / weißen Haare zu sehen sind. Ist das nun wirklich eine Alternative? Alt werden möchte ich eigentlich schon, aber alt sein und auch noch dafür gehalten werden eigentlich nicht wirklich.
Zu Hause angekommen blätterte ich die „Bravo für SeniorInnen" wider besseres Wissen durch. Ich hatte sie schließlich für umsonst bekommen und die Werbung im Fernsehen hatte sich wohl auch in meinem Unbewussten festgesetzt und mir suggeriert, dass ich sie unbedingt lesen muss. Außerdem lese ich ja auch im Wartezimmer der diversen Ärzte die Regenbogenpresse, um mich auf dem Laufenden zu halten, was sich so bei den Celebrities tut. Weshalb also nicht auch ein Update bezüglich Krankheiten im Allgemeinen und für SeniorInnen im Besonderen durchführen?
Ich fand in der „Apotheken Umschau" ausführliche Informationen über „vielfach gesuchte Krankheiten", wobei mir unverständlich blieb, weshalb Krankheiten vielfach gesucht werden. Ich suche sie nicht, aber vielleicht bleibt es ja deshalb auch nur mal bei einer gebrochenen Rippe. Jetzt aber zu den vielfach gesuchten Krankheiten in alphabetischer Reihenfolge:
Achillessehnenriss, ADHS, Akne, Alzheimer, Asthma, Blasenentzündung, Bluthochdruck, Borreliose, Depressionen, Dickdarmkrebs, Endometriose, Fibromyalgie, FSME, Gebärmutterhalskrebs, Grauer Star, Grüner Star, Hepatitis, Herzinfarkt, Heuschnupfen, Impotenz, Inkontinenz, Kopfschmerzen, Krampfadern, Lausbefall, Lippenherpes, Lungenkrebs, Magersucht, Multiple Sklerose, Prostatakrebs, Rückenschmerzen, Schaufensterkrankheit, Schlaganfall, Schuppenflechte,

Wechseljahre, Zahnfleischentzündung, Zwangsstörungen.
Obwohl mit einer hinlänglichen Allgemeinbildung versehen kannte ich einige Krankheiten nicht. Endometriose? Keine Ahnung, was das ist. Fibromyalgie? Ach ja, das hat eine Freundin, und damit ziemliche Schmerzen. Ich habe das nicht.
Lausbefall? Den kriegt man im Kindergartenalter, aber doch nicht als SeniorIn. Wechseljahre? Habe ich lange hinter mir.
Mit Spannung las ich alles, was man denn bekommen kann, was ich aber definitiv nicht habe. Und dann freute ich mich jedes Mal!
Doch dann kamen die anderen Krankheiten. Die, die ich NOCH nicht habe, aber durchaus noch kriegen kann, IM ALTER! So jedenfalls die Meinung der Apotheken Umschau. Krebs, von der Lunge bis zum Gebärmutterhals, es kann mich jederzeit erwischen. Grauer Star, grüner Star, Rückenschmerzen und Schlaganfall sind auch eher für SeniorInnen reserviert. Herzinfarkt, Inkontinenz und Krampfadern, alles Zipperlein, die mir durchaus noch drohen. Also noch einmal: Alt werden ja, alt sein nein! Schon wollte ich die „Bravo für SeniorInnen" zur Seite legen, weil sie doch nicht so erheiternd ist, wie damals die Bravo für Teenanger, als ich auf folgende Aussage stieß:

*„Der wachsende Anteil älterer Wähler stimmt so manchen Bundesbürger bedenklich. (Viele fürchten, dass dadurch die Politiker die Interessen der Jüngeren mehr und mehr vernachlässigen. Groß ist die Skepsis vor allem bei den Männern und Frauen zwischen 14 und 30 Jahren. Eine repräsentative Umfrage*

*im Auftrag der „Apotheken-Umschau" fand heraus, dass in dieser Altersgruppe mehr als die Hälfte Angst vor einem zu großen Einfluss der Senioren auf die Politik haben."*

Na, das ist doch was. Als Frau habe ich in den 80ern zum Teil vergeblich um politischen Einfluss gekämpft. Jetzt fällt mir dieser Einfluss einfach in den Schoß, lediglich deshalb, weil ich über 60 bin. Dabei gehe ich davon aus, dass auch in diesem Artikel immer noch die männliche Form der Substantive die Frauen mit einschließen soll. Etliche Jahrzehnte Frauenbewegung sind, sprachlich betrachtet, nicht nur an der Apotheken-Umschau vorbei gegangen, aber eben auch an der.
Wie dem auch sei: Liebe PKA, vielen Dank, dass Sie mir die Apotheke-Umschau mitgegeben haben. Ohne Sie wüsste ich nicht, dass wesentlicher politischer Einfluss für Frauen doch noch möglich ist, ab 60!
**Ihre Klara**
***P.S.*** Liebe Männer, über und unter 60: Zieht euch warm an! Der Kampf geht weiter!

## Über das Glück
Haben Sie auch schon bemerkt, dass in Deutschland kaum jemand mehr glücklich sein darf? Ist Ihnen auch schon aufgefallen, mit welch miesepetrigen Gesichtern viele deutsche Menschen in Hannover und auch anderswo in Hannover normalerweise herumlaufen? Selbst ein Lächeln meinerseits zaubert auf dem Gesicht meines Gegenübers in aller Regel kein Gegenlächeln hervor sondern nur die stumme Botschaft: Ich bin unglücklich, unzufrieden, schlecht gelaunt. Frau Merkel wurde zum Beispiel nach ihrer Nominierung zur Kanz-

lerkandidatin von einer Journalistin gefragt: „Sind Sie eine glückliche Frau? Come on!" Sie antwortete: „Ich bin guter Stimmung!" Sie hätte ja wirklich guten Grund zum Glücklichsein gehabt, aber wer ist denn heute schon glücklich? Das würde ja bedeuten, dass wir nicht mehr jammern könnten. Und wenigstens jammern muss erlaubt sein: Die Altersversorgung ist nicht sicher, die Krankenversorgung ebenfalls nicht, die Arbeitslosenversorgung desgleichen, die Subventionsversorgung ebenso, die soziale Versorgung gleichfalls, nichts ist mehr sicher, nirgends wird noch ausreichend versorgt. Ohne ausreichende Versorgung aber scheinen die Deutschen, von Ängsten geplagt, nicht glücklich sein zu können. Aber was würde sie denn nun glücklich machen? Die lebenslange garantierte Grundversorgung? Ich glaube, dass die nie hoch genug sein könnte, um wirklich intensive Glücksgefühle auszulösen. Vielleicht ein Krieg? Nach dem letzten waren die Deutschen bekanntlich glücklich, weil der Krieg zu Ende war und es aufwärts ging. Aber ich vermute, dass auch das nicht das richtige Glücksrezept wäre. Sollte man vielleicht einfach alle Deutschen füttern, in den Armen wiegen, pampern und ihnen den Po abwischen? Ich wette, dann würden sie sich wahrscheinlich darüber beklagen, dass das Klopapier kratzt. Was würde Sie denn glücklich machen?

**Ihre Klara**

***P.S.*** Ich bin glücklich, aber verraten Sie mich nicht. Ich fürchte nämlich, dass ich wie eine Aussätzige behandelt werden könnte, wenn das bekannt wird.

## ...du darfst dich nur nicht erwischen lassen

Ich erinnere mich an eine Situation aus meiner Schulzeit. Ich war in der 6. Klasse, ein 12 – jähriges Mädchen, das hin und wieder seine Hausaufgaben nicht gemacht hatte. Beim Durchgang der Lehrerin zur Hausaufgabenkontrolle wurde ich erwischt, als ich das Heft einer Freundin vorlegte. Prompt wurde mein Vater zur Schule zitiert und ich hatte den Ärger am Hals. Seitdem weiß ich, dass ich Fremdes nicht als Eigenes ausgeben darf. Und dass ich, wenn ich es tue, die Konsequenzen zu tragen habe.

Jetzt frage ich mich, ob Karl Theodor zu Guttenberg, kurz KTG, denn nie in der Schule abgeschrieben hat, oder ob er nie erwischt wurde. War er wirklich durch und durch ehrlich und hat sich im Laufe der Karriere lediglich an die Usancen in der Politik angepasst? Hat er nicht gesehen, wie andere erwischt wurden und die Konsequenzen zu tragen hatten, sprich eine sechs in der Arbeit wegen eines Täuschungsversuches? Waren seine MitschülerInnen also durch und durch ehrlich? Hat ihm sein Vater nicht spätestens zum Abitur gesagt, dass man nicht abschreiben darf? Oder hat man ihm vielleicht Täuschungsversuche nachgesehen aufgrund seines edlen Namens? Dann, und auch nur dann könnte er ja auf die Idee kommen, dass er darf was andere nicht dürfen.

Eine zweite Frage erhebt sich bezüglich der Intelligenz des KTG. Eine weitere Szene dazu: Einer meiner Schüler schrieb im Journalismuskurs einen Artikel zu World of Warcraft. Der Stil erschien mir für diesen Schüler etwas fremd. Also habe ich drei prägnante Wörter gegoogelt und schwupps hatte ich den ganzen [unreadable shorthand notes] Zitat?

Zitat?

Zitat?

Zitat?

Täuschungsversuch

6/12

Artikel im Netz gefunden. Sechs! Diebstahl geistigen Eigentums! Dieser Schüler wird nun wohl nie Verteidigungsminister werden, weil er seine Lektion gelernt hat: Man darf nicht abschreiben. Schon gar nicht aus dem Netz, weil das ganz leicht zu recherchieren ist. Ist KTG also so dumm, dass er das nicht weiß? Wie hat er dann sein Abitur geschafft, die Hausarbeiten und Prüfungen im Studium? Auch abgeschrieben?

Wie, Herr zu Guttenberg? Sie waren so überlastet als junger Familienvater, dass sie nun wirklich nicht ernsthaft an einer Doktorarbeit schreiben konnten? Nun, das sind tausende von jungen Müttern auch, wie zum Beispiel Frau von der Leyen. Ach so, die hatte Hilfe im Haushalt und Sie nicht? Akzeptiert. Aber hatten Sie nicht eine Ehefrau, die Ihnen den Rücken frei gehalten hat? Oder wie wäre es denn alternativ gewesen, die Elternschaft später einzuplanen? Das leuchtet ein: Als Verteidigungsminister wären Sie damit noch belasteter gewesen!

Aber auch Mütter ohne Hilfe schreiben Doktorarbeiten in der Familienphase, ohne diese abzuschreiben. Und häufig haben sie noch nicht einmal einen Ehemann, der ihnen den Rücken frei hält. Ach was, Sie sind nicht so belastbar wie tausende andere Frauen dieser Republik? Nun ja, ich stelle mir vor, dass ich, trotz vielfältiger Belastungen, ca. 475 Seiten in zwei Jahren kopieren könnte. Das wäre nämlich nur eine halbe Seite pro Tag. Und das auch ohne wissenschaftlichen Dienst, der mir einen Teil der Kopierarbeit abnehmen würde. Aha, das ist natürlich einzusehen, dass selbst das zu viel gewesen wäre neben Ihren anderen Aufgaben als Familienvater und Politiker.

Die Belastung führte also dazu, dass sie nur 0,1859099 Seiten pro Tag kopieren konnten. Die Sonntage mit eingerechnet. So so, Sie mussten sich außerdem über verbindende Wörter Gedanken machen. Und für die Anfügung von Fußnoten hat es schon gar nicht mehr gereicht! Wie halten Sie denn dann die Belastung Ihres Amtes aus, die doch noch um einiges schwerer wiegt, als 0,185099 Seiten pro Tag zu kopieren? Ach, so ist das also! Gelegentlich fühlen Sie sich doch überfordert! Wie, Sie wollen trotzdem Bundeskanzler werden? Braucht man dazu vielleicht nicht doch ein wenig mehr Intelligenz und nicht nur gegelte Haare? Und das führt mich zu der oben angedachten Frage, ob Sie vielleicht so dumm sind, dass Sie nicht wissen, dass im Zeitalter des Internets Texte, die mit copy und paste eingefügt wurden nur allzu leicht aufzuspüren sind? Wie, Sie verstehen die Frage nicht? Verstehe!

**Ihre Klara**

*P.S.* Mein Vater sagte mir übrigens nach der oben beschriebenen Episode: Du darfst alles tun, du darfst dich nur nicht erwischen lassen. Tja, KTG, vielleicht hätte mein Vater Sie erziehen sollen, aber dann wären Sie sicher kein Verteidigungsminister geworden.

## Depressionen

Seit einiger Zeit bereite ich mich auf die Heilpraktikerprüfung für Psychotherapie vor. „In deinem Alter? Toll." sagen Bekannte. Da bin ich ja dann eher beleidigt. Was heißt denn: „In deinem Alter!?" „Das ist Synapsenschmiere für meine Gehirnzellen im Kopf", ist meine Antwort, denn mit Synapsen kenne ich mich nun endlich aus. In der Schule war das für meine Ge-

neration ja noch kein Thema, da gab es die noch nicht. Jetzt aber weiß ich, dass ich die trainieren kann. Und das tue ich ausgiebig. Nicht nur in dem Kurs.
Auch meine Mitmenschen müssen für dieses Gehirnjogging herhalten. Seit ich den Kurs mache, sehe ich sie nämlich mit ganz anderen Augen. Hat mein guter Freund Kurt nun eine Persönlichkeitsstörung oder nur ein neurotisches Symptom? Auf jeden Fall sollte er sich mal einem Psychotherapeuten anvertrauen. Ich muss nur noch überlegen, wie ich ihm das beibringe, ohne ihn zu verletzen. Schließlich ist der Gang zum Psychotherapeuten eine ungeheure Kränkung für das Selbstwertgefühl!
 Oder Peter! Ein guter Bekannter. Der hat nun eine eindeutige Zwangssymptomatik, so wie er immer darauf besteht, dass wir zu einer Verabredung pünktlich sind.
Mein Chef? Narzisstisch bis ins Mark! Aber ich darf natürlich nicht sagen, dass ich ihn durchschaut habe. Damit gefährde ich meinen Job, narzisstisch gekränkt, wie er dann wäre.
Ein dankbares Klientel sind natürlich auch meine Freundinnen. Alle bereits in den Wechseljahren, oder zumindest kurz davor, und da hat frau doch Depressionen! Also übe ich schon mal. „Hast du Schlafstörungen? Wie ist dein Appetit? Konzentrationsstörungen?" Alles klar! Depressive Episode, leicht! „Nimm doch einen Serotoninwiederaufnahmehemmer! Da bleibt das Serotonin dann länger im Synapsenspalt und das wirkt Wunder!" rate ich dann, bereits ganz Fachfrau. „Schlafentzug hilft auch, oder vielleicht auch eine Elektrokrampftherapie?" Was mich wundert ist, dass

meine Freundin dann nicht dankbar für meine Diagnose und Therapieempfehlung ist, sondern eher meint, sie brauche nur einmal wieder Urlaub.

Auch meinen Mann, der mir bis jetzt ganz normal zu sein schien, sehe ich nun in einem gänzlich anderen Licht. „Ich habe keine Lust auf dieses Konzert." „Schatz, hast du schon mal daran gedacht, dass das eine Depression sein könnte?" „Quatsch", knurrt er, „ich habe nur keine Lust! Echt! KEINE LUST! Kann doch mal passieren, oder?" Bedenklich wiege ich den Kopf, zumal er bei seiner letzten Aussage etwas lauter wurde. Waren das nicht verdrängte Aggressionen? Mittlerweile, nach mehreren diagnostischen Versuchen meinerseits, ist er dazu übergegangen, zu sagen: "Ich bin wirklich nur müde, ABER NICHT DEPRESSIV!" Nun, ich weiß es natürlich besser: Menschen mit depressiven Persönlichkeitsstörungen leugnen häufig ihre Erkrankung, weil sie die Symptome als Ichsynton erleben. Da muss ich erst einmal eine Krankheitseinsicht herbeiführen.

Ich muss allerdings gestehen, dass ich diagnostisch noch nicht ganz sicher bin und Schwierigkeiten mit der Differentialdiagnose habe. Zum Beispiel fragte mich mein Mann heute: "Schatz, der Wein ist alle, soll ich noch eine Flasche von der Tankstelle holen?" „Nein, danke, ich brauche keinen Wein mehr." Selbstverständlich weiß ich mittlerweile, dass er eigene Bedürfnisse häufig in mich projiziert, um nicht sagen zu müssen: „Ich möchte gerne…". Immerhin, so stelle ich erleichtert fest, ein ziemlich reifes Abwehrverhalten und nicht schizophren. Mein Mann ließ es diesmal aber nicht mit einer Projektion bewenden.

„Schatz", sagte er, „Ich bin ein wenig unruhig, ich gehe doch noch mal zur Tankstelle und hole Zigaretten für mich und für dich eine Flasche Wein." „Unruhe ist auch ein depressives Symptom", rief ich ihm hinterher, „und Wein will ich nicht!" aber es kam nur noch ein Knurren zurück. Ich überlegte, ob er nun eine depressive Persönlichkeitsstörung hat, vielleicht auch abhängig dependent von mir ist, oder vielleicht doch eher eine Alkoholabhängigkeit dahinter stecken könnte. Als er dann nur mit einer Schachtel Zigaretten und einer Flasche Mineralwasser zurück kam war ich mir nicht mehr sicher, ob das nicht eventuell eine beginnende Demenz sei.

**Ihre Klara**

***P.S.*** Ich habe ganz vergessen zu erwähnen, dass ich nun meine Stimmungsschwankungen auch viel besser als leichte depressive und hypomanische Episoden diagnostizieren kann. Immerhin werden 50% aller Depressionen nicht erkannt. Das scheint auch bei mir der Fall zu sein. Nun muss ich mich erst einmal nach einem kompetenten Psychiater umhören, der bipolare Störungen sicher diagnostizieren kann.

## Dieser Sommer!

Letztes Jahr habe ich viel Geld für drei Wochen Sonne im Süden ausgegeben und dann war es in Deutschland wärmer als dort. Also beschloss ich, dieses Jahr zu Hause zu bleiben und den Sommer in Hannovers Südstadt zu genießen. Südliches Flair gibt es ja auch hier zu erleben mit den türkischen Imbissen, den griechischen Restaurants und den italienischen Tavernen. Ich sah mich schon, genüsslich ein Eis essend, im Maschpark auf der Wiese liegen und die Biergärten in der Südstadt unsicher machen. Auch wollte ich mit dem Fahrrad die Umgebung erkunden, um endlich einmal meine Kondition zu verbessern und den Winterspeck loszuwerden. Jetzt sind drei Wochen Urlaub vorbei und ich muss in zwei Tagen wieder arbeiten. Tapfer habe ich täglich das Himmelsgrau und die Regenströme ignoriert. Mir blieb auch nichts anderes übrig, denn alle Last-Minute-Sonne-Flüge waren ausgebucht. Also habe ich lange Vormittage im Bett verbracht und den Bücherstapel abgearbeitet, der sich seit einem Jahr am Bett aufgetürmt hatte. Ich kenne jedes Museum Hannovers bis in den letzten Winkel und jede Sauna im Umkreis von 20 Kilometern. Auch die Stadtrundgänge habe ich absolviert, ausgerüstet mit einem großen Regenschirm. Die Winterpullover habe ich längst wieder vom Boden geholt und abends gehe ich mit einer Wärmflasche und einem Grog ins Bett. Zwei Kilo habe ich zugenommen, weil ich so viel Linsensuppe, Kartoffeln mit Speck, Gans und andere leckere Wintergerichte gegessen habe. Und die neue Sommergarderobe, die ein Vermögen gekostet hat, ist deshalb bereits zu eng geworden, ohne dass ich auch nur ein Stück getragen habe. Aber abgesehen davon war dieser Urlaub gar nicht so schlecht: Erholsam, beschaulich und stressfrei! Und wie war Ihr Urlaub? Wenn Sie im Süden waren, erzählen Sie es mir bitte nicht.

**Ihre Klara**

*P.S.* Bisher habe ich heldenhaft der Versuchung widerstanden, die Heizung einzuschalten, aber ich glaube, heute Abend werde ich schwach werden.

## Dieser Sommer, Teil 2!

Noch nie habe ich Ben Wettervogels Wetterbericht im ZDF so aufmerksam verfolgt, wie in diesem Jahr. Schließlich wollte ich meinen Urlaub in der Südstadt Hannovers verbringen und wissen, wann und wie lange ich meine Fahrradtouren planen konnte. Dabei fiel mir auf, dass es möglich ist, äußerst differenziert über die einfache Tatsache zu sprechen, dass es am nächsten Tag regnen wird. Allmorgendlich ließ sich Ben Wettervogel etwas anderes einfallen, um mir die Regentage wenigstens sprachlich etwas schmackhafter zu machen. Ich habe Ihnen einmal eine Liste der entsprechenden Ausdrücke zusammengestellt: Regenfälle oder Schauer, einzelne Gewitter, einzelne Schauer, teils heftige Gewitter, zeitweise Regen, ein Tief beeinflusst das Wetter, örtlich Gewitter, Gewitter mit Gefahr stürmischer Böen, viele Wolken mit etwas Regen, immer wieder Regenschauer, örtlich etwas Regen, örtlich leichter Regen, heftige Schauer, unwetterartige Gewitter mit Hagelschlag, aufquellende Wolken, einzelne gewittrige Regenschauer, überwiegend niederschlagsfrei, eingelagerte Tiefausläufer sorgen für wechselhaftes Wetter, teils stärkere Quellwolken mit örtlichen Schauer, Wolkenverdichtung mit nachfolgendem Regen, anhaltender Regen, im Tagesverlauf kommt es zu Regen, leichter Sprühregen, andauernder Nieselregen, viele Wolken und hin und wieder etwas Regen, viele Wolken und einzelne Schauer, leichter Landregen, kräftiger Landregen, der Regen wird wärmer.
Ich habe aber auch gelernt, dass Deutschland ein Sommerregengebiet ist und dass von Juni bis August immerhin ein Viertel der jährlichen Regenmenge fällt.

Hätten Sie es gewusst? Das wäre doch eine schöne Frage für das Quiz bei Günter Jauch: Wie viel Regen fällt durchschnittlich in Deutschland im Sommer bei einer Jahresniederschlagsmenge von 661mm: 42, 88, 148, 221 mm? Bingo! Es sind 221 mm.
**Ihre Klara**
**P.S.**: Die Einzelhändler der Südstadt berichteten, dass der Verkauf von Regenschirmen und Glühwein in diesem Sommer sprunghaft angestiegen ist. Auch die Sonnenstudios verzeichneten einen außergewöhnlich hohen Zulauf. Das ist doch wenigstens etwas!

## Schwere Schulranzen

Stellen Sie sich einmal vor, vor Ihnen auf einem Tisch ständen folgende Sachen: ein Telefon, ein PC, ein Adressbuch, Postkarten, Stifte, ein CD-Player, CDs, ein Fotoapparat, ein Terminkalender, ein Atlas, mehrere Wörterbücher. Stellen Sie sich weiterhin vor, Ihr Kind würde damit einen großen Koffer packen, um ihn täglich mit zur Schule zu nehmen. Sicher wären Sie entsetzt. Was soll Ihr Sohn / Ihre Tochter damit in der Schule? Braucht er / sie das denn alles zwingend notwendig? Lenkt das nicht vom Lernen ab - Musik hören, Postkarten schreiben, fotografieren, surfen, telefonieren? In welcher Zeit sollte ihr Kind das in der Schule tun? Soll es sich nicht auf ganz andere Sachen konzentrieren? Soll es sich nicht in den Pausen erholen? Soll es nicht im Unterricht aufpassen? Soll es nicht auch mit den FreundInnen reden, sich austauschen, kommunizieren, anstatt auf sich selbst bezogen zu sein? Ich bin sicher, Sie würden alles daran setzen,

um ihr Kind von seinem unsinnigen Vorhaben abzubringen.
Steht Ihnen jetzt der tägliche Kampf vor Augen, den ein Verbot nach sich ziehen würde? Entspannen Sie sich! Die gute Nachricht ist: Es würde keinen Kampf geben! Ihr Kind käme nämlich niemals auf die Idee, diesen Koffer täglich in die Schule zu schleppen. Es hat schließlich schon genug damit zu tun, von den wirklich notwendigen Unterrichtsmaterialien nichts zu vergessen. Und dann noch dieser schwere Koffer? Und davon dann nichts vergessen? Allein die Zeit, die es braucht, das alles täglich einzupacken, empfände es als Zumutung! „Das brauche ich doch alles gar nicht!", so würde ihr Kind argumentieren und sich strikt weigern, diese Last auf sich zu nehmen.
Die schlechte Nachricht ist jedoch: Der Kampf steht Ihnen bevor wenn es darum geht, ihr Kind davon abzuhalten, sein Handy mit all den oben genannten Funktionen mit in die Schule zu nehmen. Ihr Kind wird mit aller ihm zur Verfügung stehenden Härte mit Ihnen diskutieren und sie überzeugen, dass es das alles braucht. Da fehlen Ihnen die Argumente? Stellen Sie sich einfach einen schweren Koffer vor.

**Ihre Klara**

**P.S.** Ich muss gestehen, dass ich auch so einen schweren Koffer mit mir herum schleppe.

## Düfte

Unser ganzes Leben lang werden wir von Gerüchen, Düften begleitet, die als Erinnerung gespeichert werden und jederzeit abrufbar sind. Als ich kürzlich zum Beispiel am Steintor entlang ging, dachte ich plötzlich an den Chlorgeruch, der immer im Goseriedeschwimmbad geherrscht hatte. Und als wenn sich in meinem Gehirn ein Schalter umgelegt hätte, hatte ich ein Bild aus meiner Kindheit vor Augen: Meine ersten Schwimmversuche im Goseriedeschwimmbad, zu denen mich immer meine Großmutter begleitete. Und plötzlich erinnerte ich mich an weitere Gerüche: Der Geruch meiner Nachhilfelehrerin für Französisch stieg mir wieder in die Nase. Sie war bereits pensioniert und roch immer etwas leicht nach saurer Milch. Ich erinnerte mich auch an den Duft von frisch gemangelter Wäsche, Tannenwäldern im Harz, Schmalzkuchen auf dem Weihnachtsmarkt, heißer Schokolade, Linsensuppe im Winter und Bohnerwachs auf Linoleumböden. Und mir wurde ganz warm ums Herz. An welche Gerüche werden sich wohl unsere Kinder erinnern? An den Geruch von Pommes, Marihuana, Abgasen in den Straßen, süßlicher Kindernahrung und Cola? Und wird ihnen dabei auch warm ums Herz werden? Und gibt es auch einen typischen Stadtteilgeruch in Hannover? Bei der Südstadt fällt mir der Duft des leicht modrigen Maschseewassers ein und der Narzissenduft im Frühjahr im Maschpark. Am Steintor riecht es nach Döner und Kebab und in der Eilenriede nach frischer Baumrinde und Laub. Gibt es für Sie einen typischen Stadtteilduft? Wie riecht es zum Beispiel in Linden? Oder riecht es da gar nicht?

**Ihre Klara**

***P.S.*** Der für mich schönste Duft ist der des Schmusetuches meiner frühesten Kindheit. Es hat jeden Umzug überstanden und liegt bei mir ungewaschen im Bett.

## Sylvester und Meer

Ich reise gerne. Am liebsten in die Sonne und das am liebsten in der dunklen Jahreszeit, also im Dezember. Aber komisch ist es schon. Da sitze ich dann Ende Dezember unter Palmen bei lauen 26 ° C, schlürfe „Sex on the Beach", springe gelegentlich in den Pool und frage mich, weshalb ich das Gefühl habe, irgendetwas stimme nicht so ganz.

In der Lobby des Hotels steht ein geschmückter Weihnachtsbaum. Aus dem Hotellautsprecher tönt „Jingle Bells" und alle Menschen sind fröhlich und sagen „Merry Xmas". Zu Sylvester gibt es ein opulentes Buffet, alle haben alberne Hütchen auf, das Life-Programm ist vor allem laut und um Mitternacht wünschen sich wildfremde Menschen gegenseitig ein frohes Neues Jahr und küssen sich.

Dieses Jahr habe ich mich dem Hoteltrubel entzogen und alleine am Pool sitzend Neujahrswünsche an alle Hannoveranerinnen und Hannoveraner in den Himmel geschickt, die am Kröpke das neue Jahr begrüßten. Und um ehrlich zu sein, ich wäre auch gerne da gewesen und hätte dann im Schauspielhaus oder der Cumberlandschen Galerie ins Neue Jahr getanzt.

Ich erinnerte mich an das Jahr, als Hannover unter Eis versank und nichts mehr lief. Die Weihnachtsgans wäre damals fast verbruzzelt, weil unsere Freunde 1 ½ Stunden zu Fuß aus Döhren in die Südstadt brauchten, immer in Gefahr, sich die Knochen zu brechen. Nach dem Essen fuhren wir gemeinsam zum Mitternachtskonzert in den Hauptbahnhof. Und auf dem Rückweg haben wir dann in der Stadtbahn allen HannoveranerInnen, die auch unterwegs waren, fröhliche Weih-

nachten gewünscht. Vielleicht sollte ich nächstes Mal wieder in Hannover bleiben, aber ich weiß schon, dass ich dann wünschen werde, ich wäre in der Sonne.
**Ihre Klara**
***P.S.*** Falls Sie im Winter und nicht im Sommer verreisen, wissen Sie sicher, dass der Hannoversche Sommer gelegentlich heftigst verregnet sein kann. Vielleicht sollte ich meine Zelte in der Sonne aufschlagen und nur zu Weihnachten und Sylvester nach Hannover kommen.

## Streicheln hilft – manchmal

Diese Kolumne wäre fast nicht erschienen. Ich kam aus dem Urlaub zurück, wollte gut erholt eine neue Kolumne schreiben und schaltete den Computer ein. Nachdem ich die ersten drei Sätze eingetippt hatte, hängte er sich auf. Dabei hatte ich ihm gar nichts getan! Ich erinnerte mich daran, dass man mit Pflanzen reden soll, damit sie gut wachsen. Weshalb sollte das nicht auch mit meinem Computer funktionieren? Also streichelte ich ihn liebevoll, redete ihm gut zu und - er ließ sich wieder starten!
„Du bist aber auch leichtsinnig", sagte meine Tochter am Telefon. „Ich sichere immer alle Daten auf einer externen Festplatte." Also erwarb ich so ein kleines Wunderding. Ich schloss die externe Festplatte, von der ich bis dahin gar nicht wusste, dass es sie gab, an und las ausnahmsweise gründlich das Benutzerhandbuch durch. Nach dem Anschluss weigerte sich mein PC überhaupt tätig zu werden. Der beste Ehemann von allen wiegte bedächtig seinen Kopf und gab kluge Ratschläge. Nun haben seine Ratschläge schon gelegent-

lich zu mittleren Katastrophen geführt und so schickte ich ihn einkaufen. Schließlich wollte ich nicht vor laufendem Computer verhungern. Nach zwei Tagen vergeblicher Versuche der Installation rief ich im Computerladen an. Vielleicht hatte ich ja doch etwas falsch gemacht. „Ist der Stecker drin?" war die lakonische Frage. „Ja, und gestreichelt habe ich die Festplatte auch schon und ihr gut zugeredet!" „Na, dann müssen sie vorbeikommen", antwortete der Verkäufer leicht irritiert. Ein Test im Laden ergab, dass die externe Festplatte fehlerhaft war und ich bekam ein neue. Sie funktioniert und ich musste ihr noch nicht einmal gut zureden. Während ich nun wieder Kolumnen schreiben kann versucht der beste Ehemann von allen seit zwei Wochen vergeblich, seinen PC neu zu konfigurieren.

**Ihre Klara**

*P.S.* Mein Computer hängt sich immer noch gelegentlich auf und ich verstehe überhaupt nicht, weshalb er trotz liebevollster Behandlung immer wieder Selbstmord begehen möchte.

## Aus dem Leben einer Pensionärin

8 Uhr, aufstehen. Och nö, noch nicht. Es ist so kuschelig im Bett.

9 Uhr, jetzt aber aufstehen und unter die Dusche. Och nö, noch nicht, erst einmal frühstücken. Aber was? Müsli? Weiches Ei? Halbes Brötchen? Lieber Vollkornbrot? Oder nur Tee?

10 Uhr, nun duschen. Och nö, noch nicht. Erst einmal die Zeitung holen und lesen.

11 Uhr, endlich duschen und Zähneputzen

11.30, anziehen, aber was? Och nö, noch nicht, der Bademantel ist so gemütlich.

12 Uhr, jetzt aber anziehen. Aber was? Hose? Kleid? Pullover? Jacke? T-Shirt? Leggins? Hm. Lieber noch im Bademantel bleiben.

12.30 Uhr, anziehen und einkaufen gehen? Och nö, noch nicht, es regnet gerade. Lieber lesen und noch etwas essen.

13.00 Uhr, in 10 Minuten zur Massage. Jetzt aber anziehen und raus in den Regen.

14.30 Uhr, wieder zu Hause. Was jetzt? Endlich die Dias aussortieren? Och nö, noch nicht. Die Massage hat müde gemacht. Erst einmal ein Nickerchen halten.

16.00 Uhr, und nun? Erst einmal einen Kaffee trinken. Und dann ein Telefon-Schwätzchen mit der Freundin.

18.00 Jetzt etwas essen. Kochen? Och nö. Bringdienst bestellen.

19.00 Uhr, mal sehen, was es im Kino gibt. Och nö, kein spannender Film. Also aufs Sofa.

20.00 Uhr mal sehen, was es im Fernsehen gibt. Ein Tatort. Au ja.

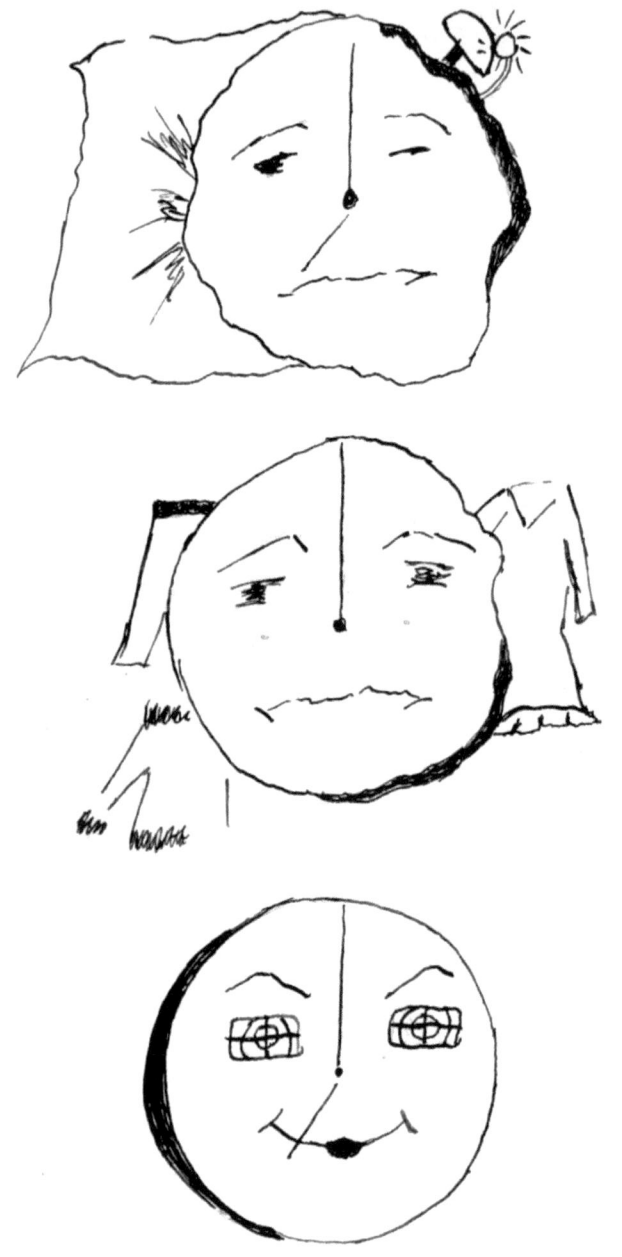

So jedenfalls habe ich mir mein Leben als Pensionärin vorgestellt, als ich noch berufstätig war. Aber es kam ganz anders:
Zwei Jahre mit Hausrenovierung und Um- und Ausbau beschäftigt. Clownsausbildung angefangen, Malen angefangen, Zeichnen angefangen. Die Praxis läuft weiter, die Supervisionsgruppen auch. Ich habe gar nicht mehr so viel Lust und Zeit zum Reisen, wie noch zu Ferienzeiten. Und wenn dann Zeit für ein Treffen mit einer Pensionärsfreundin wäre, dann hat diese in 80 % aller Fälle gerade selbst einen wichtigen Termin oder ist verreist.
**Ihre Klara**
*P.S.* Nun kommt bald das Enkelkind und ich muss schauen, dass ich Zeit zum Stricken finde.

## Telefonbanking
Kürzlich wollte ich zum Thema Auslandsüberweisung von der Postbank informiert werden. Das geht ja nun alles über das Telefon. Keine missmutigen Schalterbeamten, keine langen Warteschlangen, ich konnte es Sonntag früh in aller Ruhe erledigen. *Einen schönen guten Morgen*, begrüßte mich eine tiefe, warme, männliche Stimme. *Willkommen bei der Postbank. Erledigen Sie ihre Bankgeschäfte mit unserem Telefonbanking, hören Sie sich Produktinformationen an oder sprechen Sie mit einem unserer Berater. Möchten Sie zum Telefonbanking oder zur Produktinformation?* Ich wollte eigentlich keines von beidem, sagte dann aber seufzend: Telefonbanking. *Noch ein Hinweis: Sie können alle Zahlen mit ihrer Telefontastatur eingeben. Nennen Sie bitte ihre Kontonummer.*

Ich tat es und wurde zur Eingabe der PIN aufgefordert. Ja, und die hatte ich nicht. Ich bin ja froh, dass ich die Pin für meine EC Karte im Kopf habe, denn wie wir immer hören, können wir uns nur vor Missbrauch schützen, wenn wir sie auswendig lernen. Ebenso die verschiedenen Kennwörter auf unserem PC. Aber für all die Pins am Telefon reicht mein Festplattenspeicher im Kopf nicht, da er mit anderen wichtigeren Sachen belegt ist, wie zum Beispiel den Geburtstagen meiner Lieben. Also sagte ich: Die habe ich nicht, *Entschuldigen Sie bitte, ich habe Sie nicht verstanden*. Ich habe die Pin nicht. *Verzeihen Sie bitte, ich konnte Sie nicht verstehen*. Ja, ich habe die Nummer nicht. *Tut mir leid, ich habe sie nicht verstanden. Fängt ihre Geheimzahl mit 31 an?* Ich erspare Ihnen jetzt hier den weiteren Mono-Dialog. Nach gefühlten 15 Minuten hörte ich: *Ich werde Sie jetzt mit einem Berater verbinden*. Endlich!

Der freundliche Berater der Hotline teilte mir dann jedoch mit, dass er über Auslandsaufträge nicht informiert sei, und ich möge bitte eine andere Nummer anrufen. Halten Sie ihre Pin bereit, sagte er noch.

**Ihre Klara**

***P.S.*** Montagmorgen reihte ich mich in eine lange Warteschlange ein, um mir persönlich am Schalter eine Auskunft zu holen.

## Müll

Dass wir ‚gläserne Menschen' sind, wissen wir ja. Und die Sackabfuhr trägt viel dazu bei. Allein daran, wie der Müll herausgestellt wird, lässt sich ja schon so einiges über die Menschen ablesen. Da gibt es Häuser, vor denen stapeln sich die Müllsäcke ungeordnet, der Papiermüll ist zerknüllt, die Säcke sind nicht verschnürt, und schnell fliegen lose Blätter durch die Straße. Das sind wohl die Menschen, bei denen es zu Hause wie bei Hempels unterm Sofa aussieht.

Und dann gibt es die, die schnüren die Zeitungen, nachdem sie sie gebügelt haben, ordentlich zusammen, stapeln sie in einen Sack und verschließen ihn gewissenhaft. Ich vermute, dass diese Leute auch regelmäßig über dem Türrahmen Staub wischen. Damit allerdings nicht genug.

Kürzlich sprach mich Herr W., der unter mir wohnt, auf der Treppe an: „Sie haben ja nun auch noch einen Flachbildschirm gekauft. Sie scheinen ja gut zu verdienen", sagte er etwas pikiert. Herr W. ist pensionierter Beamter und nach seinem Müll zu schließen putzt er auch über dem Türrahmen. Zurück in meiner Wohnung dachte ich über dieses ‚nun auch noch' nach. Ich hatte meinen PC ersetzt, einen neuen DVD-Rekorder gekauft, des weiteren einen Scanner und eine Digitalkamera. Und die Verpackungen hatten auf der Straße gestanden.

Erschrocken überlegte ich, dass Herr W. zu den Personen gehört, denen ich durchaus zutraue, aus purer Neugierde in meinen gelben Säcken zu stöbern. Dort würde er dann mein letztes Strafmandat finden, die Arztrechnungen, den Drohbrief meines geschiedenen Mannes, und ruckzuck wüsste er über mein ganzes Privatleben Bescheid. Ich werde das nächste Mal oben im Sack diese Glosse platzieren. Vielleicht ist ihm ja dann seine Schnüffelei wenigstens peinlich.

**Ihre Klara**

*P.S.* Kürzlich stand vor meiner Tür der Müllinspektor und fragte, ob ich diese Mengen an Styropor in der Restmülltonne anstatt im gelben Sack entsorgt hätte. Hatte ich nicht. Herr W. vielleicht?

## Noch eine Frau
Frau Merkel wurde, nachdem Horst Köhler gekündigt hatte, gefragt, ob es denn nicht an der Zeit sei, eine Frau zur Bundespräsidentin zu wählen. Sie antwortete, dass das Geschlecht keine Rolle spielen würde, lediglich die Qualifikation zähle.
Ach was! Das wüsste ich nun aber! Seit Jahren tönt es in der Republik, die Frauen seien gleichberechtigt. Sogar im Grundgesetz steht es schon seit 1949. Als ehemals praktizierende Feministin ist mir das aber immer noch suspekt. Oft kommt es allerdings nur als reines Lippenbekenntnis rüber. Mittlerweile hänge ich mich aber nicht mehr so aus dem Fenster, wenn es um solche Fragen geht. Wenn ich nämlich das Thema Gleichberechtigung wieder einmal anspreche, ernte ich nur erstaunte Blicke und hochgezogene Augenbrauen. DAS Thema sei doch nun wirklich erledigt. Frauen hätten überall und immer die gleichen Rechte und Chancen wie Männer. Da hilft auch kein Hinweis auf die immer noch unterbezahlten Jobs in traditionell weiblichen Berufen. Und auch nicht die Erklärung, dass in den Vorstandsetagen und politischen Gremien die Geschlechter nicht fiffti fiffti (schreibt frau das so?) verteilt sind. Sogar die Sprache hängt immer noch hinterher. Mein Rechtschreibprogramm sagt mir, dass „frau" nicht korrekt geschrieben ist, „man" jedoch schon. Die Frauen haben zwar in die Sprache Einzug gehalten,

aber auch nicht durchgängig und im Zweifel zählt der Mann. Achten Sie einmal darauf: Es wird von möglichen Kandidaten für das Amt des Bundespräsidenten gesprochen. Die Hannoversche Allgemeine Zeitung titelt: „Neuer Bundespräsident wird am 30.6. gewählt."
 Ursula von der Leyen kommt da sprachlich als Frau gar nicht vor. Dabei könnte sie durchaus Bundespräsidentin werden. Die Qualifikation hat sie. Die nötige Ausstrahlung auch. Noch nicht einmal herunterhängende Mundwinkel. Und ein großes Durchsetzungsvermögen nebst guter Figur. Sogar eine eigene Meinung vertritt sie. 7 Kinder hat sie groß gezogen. (Ach ja, ich vergaß, da hatte sie professionelle Hilfe. Das zählt also nicht.) Und singen kann sie auch. Vielleicht sogar „Hoch auf dem gelben Wagen". Ärztin ist sie und mit der Politik groß geworden. Schließlich war ihr Vater der Ministerpräsident von Niedersachsen. Also: qualifiziert. Einen Aspekt, der gegen sie spricht, sollte ich allerdings nicht außer Acht lassen. Ihr Vater nannte sie immer „Röschen", was darauf schließen lässt, dass Frau von der Leyen wohl doch eher dem traditionellen Frauenbild von damals entsprochen hat. Aber: Auch Frauen sind, trotz des kleineren Gehirns, lernfähig und können sich weiter entwickeln.
Was also spricht gegen ihre Wahl? Richtig! Sie ist eine Frau. Kein Kriterium? Aber ja doch! In den Kommentaren im TV war zu hören: „Noch eine Frau!" und das klang nicht gerade begeistert.
Und in der Hannoverschen Allgemeinen Zeitung lese ich zu diesem Thema am 2. Juni 2010:
„Damit wären zwei der wichtigsten Ämter der Republik in Frauenhand. Über diesen Aspekt der Kandida-

tenkür werden aber noch heftige Auseinandersetzungen in der Union erwartet." Kein Kommentar!
**Ihre Klara**
***P.S.*** Wenn unter diesem Aspekt doch Herr Lammert gewählt wird, sollte ein gequälter Aufschrei der Frauen durch die Republik gehen: „Noch ein Mann."

## Packen für Australien
Seit einer Woche steht mein Koffer halb gepackt in meiner Wohnung. 38 Kilo darf ich als Vielfliegerin zu meiner Familie nach Australien mitnehmen. Das ist eine Menge. Aber die Familie hätte auch gerne so einiges: Laternenbastelzeug, Malzbier (eine Flasche wiegt allein 600 Gramm), Aquarellpapier, Erdnussflips, Prinzenrolle, Leibnizkeks,… Australien ist nämlich, was das betrifft, ein wenig hinter dem Mond und meine Tochter möchte den Kindern gerne den Geschmack aus der eigenen Kindheit nahe bringen.
Zwei ziemlich große Marionetten aus Myanmar mussten auch noch mit. Die hatten schon die lange Reise von Asien nach Deutschland überstanden und würden jetzt wieder den Weg zurück fliegen. Ein Koffer reichte nicht, denn 38 Kilo kann ich gar nicht mehr heben, also kam ein zweiter dazu. Mindestens fünf Mal habe ich aus- und umgepackt, bis die Waage exakt für beide Koffer zusammen 38 Kilo anzeigte.
Heute wurde es ernst. Nun wurde endgültig gepackt und wieder sorgfältig gewogen. Die Waage zeigte für meine beiden Koffer exakt 38 Kilo an. Alles von der Wunschliste hatte ich einpacken können. Meine Mutter kam mit ihrem Koffer. Sie darf nur 23 Kilo mitnehmen, hatte aber 1,5 Kilo zu viel, plus einen Mal-

block, den ich ihr aufs Auge gedrückt hatte. Also habe ich ihren Koffer inspiziert, um ihn um genau die 1,5 Kilo zu erleichtern. Der Reisewecker flog raus, einiges an Kosmetik und, Bingo, es waren exakt 23 Kilo. Den Malblock nahm ich mit zu mir und beschloss, ihn im Handgepäck unter zu bringen.

Nun lag Mutter mir aber in den Ohren, dass das Malzbier ja auslaufen könne, das gebe dann eine ganz schöne Schweinerei. Hm, so ganz Unrecht hatte sie ja nicht. In welchen Koffer ich auch die Flaschen gepackt hätte, entweder wären die Käseschachteln für die Laternen hin gewesen oder das Malpapier.

Die Flaschen also raus, immerhin gute drei Kilo, und dafür noch einen Malblock rein und den zweiten aus dem Handgepäck auch. Und weder wiegen. Exakt 38 Kilo! Aber das Malzbier, auf das sich die Familie doch so freut! Das wäre ja eine Enttäuschung, wenn da gar nichts mit käme. Also alles wieder raus aus den Koffern. Mir kam ein kleiner Bordcase in den Sinn, der sicherlich leichter ist, als so ein großer Koffer. Also habe ich den größeren der beiden Koffer mit allem vollgepackt, das nicht nass werden durfte. In den Bordcase kamen Plastiksachen, mein Kosmetiktäschchen, alles das, was mit Malzbier getauft werden darf. Und dann war erstaunlicherweise, obwohl doch noch mehr Aquarellpapier im Koffer war als ursprünglich, Platz für fünf Flaschen. Der kleine Bordcase hat also noch einmal etliche Kilos gespart. 37,5 Kilo bringt das Gepäck jetzt auf die Waage. . Da passt die letzte Flasche Malzbier auch noch in den Koffer. Dann habe ich lediglich 100 Gramm Übergewicht.

**Ihre Klara**

***P.S.*** Sollte beim Anschlussflug mit Virgin Blue die Waage doch zu viel anzeigen (die sind ziemlich pingelig mit dem Gepäck), dann muss eben die eine Flasche Malzbier am Flughafen bleiben.

## Und was lesen Sie?
Täglich lese ich die Tageszeitung, dazu den Spiegel und die ZEIT, um politisch auf dem Laufenden zu sein. Dass ich auch über die wirklich relevanten Themen des Lebens Bescheid weiß, verschweige ich eher schamhaft. Es würde meinem Ruf als intelligenter Frau wahrscheinlich ungeheuer schaden, wenn ich zu erkennen gäbe, dass ich durchaus detailliert über die neuesten Familienprobleme im Hause Windsor informiert bin.
Aus demselben Grund kann ich natürlich nicht am Kiosk die „Bunte" oder „Bild der Frau" kaufen. Meine Lektüre würde sich schnell in der Nachbarschaft herumsprechen und das wäre mir ausgesprochen peinlich! Aber zum Glück gibt es ja die monatlichen Friseurbesuche und die jährlichen Kontrolluntersuchungen bei Augenärztin, Gynäkologin, Zahnärztin und Internistin. Und so weiß ich nun nach meinem letzten Arztbesuch, dass Boris und Barbara sich wegen der Kinder gut verstehen und Claudia Schiffer magersüchtig ist. Der Rückblick auf Inge Meysels Leben war wirklich bewegend, und wussten Sie schon, dass Nicole Kidman ein Baby erwartet? In den Wartezimmern komme ich also heimlich meinem Bedürfnis nach, am Leben und an den Gefühlen der Edlen und Reichen teilzunehmen und mich darüber zu informieren, ob die Queen denn nun endlich abdankt und Charles König wird.

Meiner Freundin Lore geht es ebenso wie mir, und wenn ein Satz mit: „Ich war neulich beim Arzt" beginnt, dann weiß ich, dass nun mit großer Wahrscheinlichkeit kein Krankheitsbericht sondern ein Bericht über eines der Adelshäuser folgt. Aber da wir als gebildet wahrgenommen werden möchten, versuchen wir wenigstens den Anschein zu vermeiden, wir hätten Lust am Klatsch oder wären gar emotional beteiligt. Deswegen tauschen wir diese Informationen nur aus, wenn wir unbeobachtet sind.

**Ihre Klara**

**P.S.** Es soll Menschen geben, die sich ihren Arzt danach aussuchen, welche Illustrierten im Wartezimmer liegen.

## RentnerInnen haben keine Zeit

Seit dem Anfang meiner Berufstätigkeit freue ich mich darauf, mit Beginn der Rente endlich Zeit für meine Freundinnen zu haben. Bis dahin war es immer absehbar, wann die Einzelnen zu Hause waren. Entweder waren sie in den Schulferien verreist, oder aber insgesamt sechs Wochen im Jahr unterwegs. Die restliche Zeit aber waren sie eingespannt. Erst die Kinder, dann die Karriere, dann die pflegebedürftigen Eltern. Und auch ich hatte immer viel um die Ohren und so sahen wir uns nur selten, viel zu selten, wie ich fand.

Seit geraumer Zeit nun ist es für mich mit dem Schuldienst vorbei. Ich habe viel Zeit, auch für meine Freundinnen. Aber jetzt wird es kompliziert. Meine Tochter besuche ich nun in Australien außerhalb der Schulferien. Das bedeutet aber auch, dass ich die Freundinnen, die noch in der Schule tätig sind, nun noch weniger sehe, da wir nicht mehr zur selben Zeit verreisen. Und die kurzen informellen Kontakte im Kollegium finden auch nicht mehr statt.

Diejenigen, die nicht mehr arbeiten, sehe ich aber auch nicht öfter. Freundin Rita fliegt für 8 Wochen nach Vietnam, gerade dann, wenn ich aus Myanmar wieder komme. Und wenn sie dann wieder im Lande ist, bin ich schon wieder auf dem Weg nach Australien. Da sind wir insgesamt mehr als drei Monate nicht gemeinsam vor Ort.

Freundin Karin ist gerade Oma geworden. Da werden Theaterbesuche auch nicht mehr so ohne weiteres planbar sein, weil sie nie sagen kann, wann sie als Babysitter gebraucht wird. Freundin Lore ist zwar nie lange unterwegs, aber immer mal wieder sporadisch innerhalb Deutschlands, so dass ich ein wenig den Überblick verliere, wann sie in Hannover ist. Es heißt ja immer, dass RenterInnen nicht viel Zeit haben. Das stimmt nicht. Ich habe viel Zeit, meine Freundinnen auch, aber eben nicht immer zur gleichen Zeit.

**Ihre Klara**

*P.S.* Eine Ausnahme gibt es: Freundin Eva arbeitet nicht mehr, ist aber immer im Lande, weil ihr Mann noch Geld verdienen muss. Wenn ich nicht gerade unterwegs bin treffen wir uns regelmäßig.

## Rücktritte und Nachfolge

Erst Köhler, dann Guttenberg und jetzt Wulff. Sie alle sind zurück getreten. Köhler, das Sensibelchen, hat den politischen Wind, der ihm um die Ohren wehte, nicht ausgehalten. Ganz anders da Guttenberg. Der trat erst zurück, als es gar nicht mehr anders ging. Und

Wulff tat es ihm nach. Allerdings bemerkte er, er und seine Frau seien verletzt. Da bekomme ich doch gleich Pippi in die Augen. Frau Dr. Merkel scheint kein gutes Händchen zu haben, was die Auswahl ihres Teams betrifft. Bei Köhler hat sie übersehen, dass er eine Seele hat. Das ist ziemlich ungewöhnlich für PolitikerInnen und vielleicht hat sie es deshalb nicht bemerkt. Und bei Guttenberg und Wulff hat sie nicht gründlich genug recherchieren lassen. Sonst wäre sie sicherlich vorsichtiger gewesen.

Nun ist Wulff zurück getreten und guter Rat teuer. Wer soll es denn jetzt werden? Das höchste Amt, das ja beschädigt wurde, hat hohe Anforderungen. Er soll Wichtiges sagen, obwohl er nichts zu sagen hat, er soll nah am Volk sein, obwohl er ein Heiliger ist. Wer erfüllt denn diese Anforderungen? Es heißt, dass es Absagen hagelt. Wer hat denn nicht eine Leiche im Keller?

Frau Künast meint ja, dass es auch eine Frau sein könnte. Schließlich seien mehr als die Hälfte der bundesrepublikanischen Bevölkerung Frauen. „Laut Statisti-schem Bundesamt (Destatis) waren Ende 2008 rund 49% der insgesamt 82,0 Millionen Menschen in Deutschland Jungen und Männer" lese ich bei ‚pressemitteilungen-online.de'.

Haben Frauen vielleicht weniger Leichen im Keller? Bei Frau Dr. Merkel und Frau Dr. von der Leyen scheint das ja zuzutreffen. „Ich bin für einen Muttertyp, so wie damals Golda Meir", meint mein Mann, der beste Ehemann von allen. Das finde ich ja eher diskussionswürdig, aber deswegen möchte ich den Ehefrieden nicht gefährden. Also halte ich lieber den Mund.

Aber ob nun eine Mutti oder eine Emanze die Republik vertreten würde: Die Presse wird wieder titeln, dass zwei Frauen an der Spitze Deutschlands nun doch zu viel seien. So geschehen, als Gesine Schwan sich für das höchste Amt bewarb. Bei zwei Männern meckert ja niemand, aber zwei Frauen? Das geht nun gar nicht. Dann wird es vielleicht doch auf Herrn Lammert, Herrn Gauck, Bischof Huber oder Herrn Töpfer hinaus laufen. Das wäre dann wieder so ein ‚Pinguin' im dunklen Anzug an der Spitze, bei dem es nichts, aber auch gar nichts über die Kleidung zu lästern gibt. Oder hat sich die Presse schon einmal über die scheußlichen Krawatten aufgeregt, die die Männer uns so präsentieren? Oder auch über die Figur? Das wäre doch einmal ein Thema!

Vielleicht sollte Frau Dr. Merkel doch noch einmal in sich gehen und eine Frau durchboxen. Ich denke da an Frau Käßmann. Die hat schließlich Erfahrung in Rücktritten.

**Ihre Klara**

***P.S.*** Es heißt ja, dass jeder Bürger und jede Bürgerin sich für das höchste Amt im Staate bewerben kann. Wie wäre es denn mit Ihnen? Oder haben Sie auch Dreck am Stecken?

## Schnee

Schneechaos, die Schneewalze, die Schneekatastrophe, die Schneewand!

Derzeit überschlagen sich die Nachrichtensendungen mit Panikmeldungen:

Da gibt es nach der Tagesschau Sondersendungen, wie es sonst nur nach Terroranschlägen oder Kindesmissbrauch üblich ist. Letzteres allerdings noch nicht einmal jedes Mal. Aber Schnee ist Grund genug, um den Tatort zu verschieben und Panik zu verbreiten. Die Züge fahren nicht mehr, die Flieger fliegen nicht mehr, die Schlangen auf der Autobahn werden immer länger, und Streusalz gibt es schon lange nicht mehr. Die Schulen werden geschlossen und die Kinder werden zu Hause eingesperrt.

Es gibt unzählige Ratschläge für AutofahrerInnen: Decken mitnehmen, Thermoskanne nicht vergessen, und auch den MP3 Player einpacken. Und so sind die Autos schlussendlich ausgerüstet, als ginge es nach Sibirien.

Wie machen das eigentlich die NorwegerInnen? Oder die FinnInnen? Da ist das doch der Normalzustand. Bricht dann auch immer gleich das Chaos aus? Wie gut, dass ich da nicht lebe. Mindestens vier Monate Dauerschneechaos! Das muss ja depressiv machen.

Früher hieß das übrigens einfach nur „Winter". „Es ist Winter", sagten wir und stapften fröhlich durch den Schnee zur Schule. Wir mussten nämlich hin. Und dann haben wir uns natürlich in der großen Pause mutig über das Schneeballwurfverbot hinweg gesetzt und die Schneeballschlachten ausgetragen. Und niemand zückte das Handy um zu filmen, wie jemand eingeseift wurde. Und Mobbing nannte man das schon gar nicht. Es war eben nur Winter.

**Ihre Klara**

P.S: Morgen werde ich auf dem Hügel im Maschpark rodeln und anschließend zünftig auf dem Weihnachtsmarkt einen Glühwein trinken. Und wie genießen Sie den Winter?

## Facebook

Nun bin ich doch tatsächlich auf meine alten Tage bei Facebook gelandet. Angeregt hatte es Tom aus Australien, der bei uns eine Woche zu Gast war. Ich fand ja erst, dass Mails reichen, um Kontakt zu halten. Aber jetzt kann ich sehen, was Tom so treibt, was seine Freunde und Freundinnen dazu sagen und kann meinen Senf auch dazu geben. Zum Beispiel, dass der Sonnenuntergang heute besonders schön war und ich dazu ein Glas Rotwein genossen habe.

Aber nicht nur das, ich habe jetzt auch gleich Freunde und Freundinnen bei Facebook. Allerdings nicht wirklich viele. Magere 16 sind es. Shival hingegen, der während der Cebit-Messe auf unserer Couch gesurft hat und aus Bangladesh kommt, hat 875 Freunde und Freundinnen.

Da kann ich natürlich nicht mithalten. Aber aus meiner Generation treiben sich ja auch gar nicht so viele im Worldwide Web herum.

Immerhin habe ich auf diese Weise eine Mitbewohnerin und einen Mitbewohner aus der Wohngemeinschaft wieder gefunden, in der ich vor ewigen Zeiten drei Jahre lang gewohnt habe. Burckhardt und Beate. Na klar, die waren ja damals auch schon alternativ und aufgeschlossen der Welt gegenüber. Nun sind wir also wieder vernetzt, wenn auch nur über das Netz.

Nachdem wir uns auf diese Weise wieder gefunden hatten, schwelgte ich gedanklich in schönen Erinnerungen an diese Zeit, die mir immer noch deutlich vor Augen steht. Ich dachte an Nikolausfeiern mit 50 Gästen, an fröhliche Geburtstagsfeiern, an das „coming

out" von Christian, der damals auch ein WG Mitglied war, und vieles mehr.
Doch dann bekamen meine Erinnerungen einen unschönen Dämpfer. Beate schrieb auf Facebook etwas von „Siff" in der WG. Siff? Nicht das ich wüsste! Wir hatten doch den Putzdienst eingeteilt. Doch, Siff, beharrt Beate auf ihrer Erinnerung, du hast ihn nur nicht bemerkt.
Hm, sollte mich so täuschen? Burkhardt meint übrigens auch, dass es keinen Siff gab. Beate rudert zurück und meint, es sei denn vielleicht Altersheimer bei ihr.
Kann ja sein, kann aber auch sein, dass ich das wirklich nicht gemerkt habe. Seit ich nämlich für mich und meine Wohnung allein verantwortlich bin, habe ich eine Putzfee. Und was die immer sieht, und wo die überall sauber macht, da käme ich nie drauf! Und wenn sie da war ist es immer wie Weihnachten, wenn ich in diese blitzende und duftende Wohnung komme. Und eine Putzfee hatten wir in der WG natürlich nicht. Konnten wir uns gar nicht leisten. Die hätte auch viel zu tun gehabt bei dem Siff. Oups!
**Ihre Klara**
**P.S.** Christian hatte übrigens eines Tages Filzläuse – in den Schamhaaren!

## Aufgespießt

Das Wort ‚Spießbürger' hat heutzutage einen negativen Beigeschmack. Zu Unrecht, meine ich, waren doch Spießbürger im Mittelalter ursprünglich Menschen, die einen Spieß tragen durften, mit dessen Hilfe sie dafür sorgten, dass auf den Straßen Recht und Ordnung herrschten. Heute gibt es sie immer noch, weltweit,

und auch die Südstadt bildet da keine Ausnahme. Spießbürger tragen zwar heute keine Spieße mehr, dafür aber einen Regenschirm oder den erhobenen Zeigefinger zusammen mit einer erhobenen Stimme.
Kürzlich wies mich zum Beispiel ein netter älterer Herr darauf hin, dass es in Deutschland verboten sei, das Auto auf der linken Straßenseite zu parken. Auch zu erwähnen sei die freundliche alte Dame, die mir hinterher rief, dass ich mit dem Fahrrad nicht verkehrt herum in die Einbahnstraße fahren dürfe. Dabei fuchtelte sie in Ermangelung eines Spießes mit dem Regenschirm in der Luft herum. Und neulich belehrte mich ein Herr, dass ich mich auf dem Bahnsteig mit meiner brennenden Zigarette 10 Meter vor dem Raucherbereich aufhielte.
In dem Haus, in dem ich wohne, wird sehr sorgfältig um 18.00 Uhr die Haustür abgeschlossen. Das Ehepaar im Parterre kontrolliert auch jedes Mal, ob ich es nicht vergessen habe. Leider vergesse ich des öfteren, die Haustür abzuschließen, und so bekomme ich gelegentlich zu hören, wie hoch doch die Kriminalität in der Südstadt sei, und dass man nicht vorsichtig genug sein könne, und ich möge doch nicht vergessen, abzusperren. Und bestimmt kennt jeder die älteren Menschen, die diejenigen Mütter strafend taxieren, deren Kinder im Supermarkt ihre Trotzphase ausleben!
**Ihre Klara**
*P.S.* Sie sind also immer präsent, die modernen Spießbürger, auch in der Südstadt, und ohne sie würde diese Republik mit Sicherheit im Chaos versinken. Deshalb: Danke, dass es euch gibt

## Stubentiger

Vor drei Monaten habe ich aus dem Tierheim „Charly" zu mir geholt. Er ist ein schwarzer kleiner Kater, schwarz bis in die Schurrhaarspitzen. Seitdem er bei mir wohnt, ist nichts mehr wie es war. Innerhalb von wenigen Tagen hat er meine Wohnung in Besitz genommen und ich werde nur noch geduldet, weil ich das Futter bringe und für ein sauberes Katzenklo sorge.

Den liebevoll aus dem Wald geholten Birkenstamm ignoriert er, dafür nimmt er lieber die Tapete, um seine Krallen zu schärfen. Es ist auch viel spannender im Bettkasten auf der frischen Bettwäsche zu liegen, als im Katzenkorb. Ich biete ihm auf einer 100 m² großen Dachterrasse genügend Auslauf, er aber tobt durch die Wohnung.

Morgens um ½ 6 weckt er mich. Dazu springt er aufs Bett und bearbeitet die Bettdecke mit seinen Krallen. Wenn ich ihn dann ziemlich ungnädig raus werfe, kommt er wieder und leckt mein Gesicht ab. Noch im Halbschlaf puste ihm einfach ins Gesicht, was er nicht gut haben kann. So legt er sich ganz still neben mich und beobachtet mich aufmerksam. Aber wenn ich auch nur mit einem Auge blinzele, springt er mit einem Satz auf meinen Brustkorb und spätestens dann bin ich hellwach.

Leider nützt es nichts, ihn aus dem Schlafzimmer zu verbannen, weil er sehr schnell herausgefunden hat, dass ich wie der Blitz aus dem Bett springe, wenn er im Wohnzimmer Krach macht, indem er die Stehlampe oder die leere Weinflasche vom Vorabend umwirft.

Charly liebt es immer dann auf der Zeitung zu liegen, wenn ich sie gerade lesen will. Und auch mein Schreibtisch ist vor ihm nicht sicher. Sowie ich mich dort an die Arbeit mache, legt er sich quer über die Arbeitsblätter und schnurrt wie ein Weltmeister. Und wenn ich ihn dann verscheuche, ist er beleidigt und schmeißt noch schnell mit einem Pfotenhieb die Stifte von der Schreibtischplatte.

In der Küche sitzt er auf dem Kühlschrank und guckt in die Töpfe, wenn ich koche.

Ich habe ihm mehrfach angedroht, ihn wieder ins Tierheim zurück zu bringen, wenn er nicht ein besseres Benehmen an den Tag legt. Das hat ihn aber leider nicht weiter beeindruckt.

Und spätestens, wenn er sich abends auf meinem Schoß einrollt und schnurrt, als gäbe es eine Goldmedaille zu gewinnen, verzeihe ich ihm alles.

**Ihre Klara**

**P.S.** Weiß jemand, wie ich einen liebenswerten aber auch verhaltensänderungsresistenten Kater wenigstens davon abhalten kann, den großen Blumentopf meiner Juccapalme als Katzenklo zu benutzen?

## Über den Wein

Nichts ist für mich entspannender, als den Feierabend mit einem guten Glas Rotwein einzuläuten, oder auch – im Sommer – mit einer kühlen Weißweinschorle, dies dann am liebsten auf dem Balkon. Dabei gehen mir dann auch schon einmal Vierzeiler oder Aphorismen zum Thema Wein durch den Kopf. Zum Beispiel: „Eine Frau wird schöner mit jedem Glas Wein" (Wer hat das eigentlich gesagt?) Also, das wüsste ich aber, wenn es so wäre. Wenn ich nämlich am Abend das berühmte Glas trinke, das zuviel ist, dann sehe ich am nächsten Morgen verquollen und verkatert aus, von meiner schlechten Laune ganz zu schweigen. Schöner bin ich jedenfalls nicht geworden. Zuweilen gelingt es mir zwar, mir Männer schöner zu trinken, nur der Preis, den ich dafür bezahle, nämlich verkatert und verquollen aufzuwachen, ist mir regelmäßig zu hoch. Also lasse ich es und damit auch die Männer so wie sie sind.

Tagsüber ein Glas trinken geht schon gar nicht. Spätestens nach dem zweiten Glas Sekt am Morgen werde ich müde, schlafe mit dem Kopf auf der Tischplatte ein und das Tag ist gelaufen. Homer stellte im 8. Jahrhundert vor Christus fest: „Denn der Wein erneuert die Kraft ermüdeter Männer." Auch da habe ich andere Erfahrungen gemacht. Männer, die zuviel Wein getrunken haben, schlafen ein, sobald sie im Bett liegen, und schnarchen auch noch ganz fürchterlich. Vorbei ist es dann mit meinem Schönheitsschlaf und so wache ich auch dann morgens verkatert auf.

Johann Wolfgang von Goethe dichtete dereinst: "Für Sorgen sorgt das liebe Leben, doch Sorgenbrecher sind die Reben." Er soll ja viel getrunken haben, der alte Goethe, bis zu drei Liter täglich. Aber ob er dadurch wirklich sorgenfrei war, bezweifele ich heftigst. Mir geht es nämlich völlig anders. Wenn es mir so richtig schlecht geht, übelst schlecht, wie man heute sagt, dann heule ich mir spätestens beim zweiten Glas Wein die Augen aus dem Kopf und fühle mich noch schlechter als vorher. Aber was ist die Alternative? Tee ist auch nicht das Wahre. Er macht weder mich noch die Männer schöner. Und wenn ich, weil ich einen heftigen Hänger habe, einen Wohlfühltee trinke, dann geht es

mir auch nicht besser deswegen. Eigentlich hilft nur eines: Ein erholsamer Schönheitsschlaf.
**Ihre Klara**
*P.S.* Goethe sagte aber auch: „Das Leben ist zu kurz um schlechten Wein zu trinken." Das allerdings stimmt.

## „Unser" Gerd

Nun hat Hannover seinen Glanz verloren, denn wir sind nicht mehr Kanzlerstadt! Eigentlich hätten wir nach der Wahl Halbmast flaggen müssen, da unsere Landeshauptstadt nun wieder in relativer Bedeutungslosigkeit versinken wird, so wie auch Oggersheim, nach dem Aus für Helmut, seinen Glorienschein vor sieben Jahren verloren hat. Wir werden uns wehmütig daran erinnern, dass wir den Schnellweg nach Burgdorf nur unserem Gerd zu verdanken haben, damit er schneller zum Regieren fahren konnte. Die Currywurst im Königsberg wird nicht mehr so gut schmecken und auch das Restaurant Amann wird sich ein neues prominentes Aushängeschild suchen müssen.

Es lohnt sich nicht mehr in der Stadt herumzuhängen, um vielleicht einen Blick auf Gerds Doris zu erhaschen, die mit ihren Kindern shoppen geht. Auch wird es wohl keine eigens von ihr entworfenen Adventskalender für Hunde und Katzen mehr geben, durch die Hannover auch im letzten Winkel der Republik bekannt wurde.

Herr Putin wird nicht mehr in das Goldene Buch der Stadt schreiben. Die T-Shirts mit dem Aufdruck „Hanover loves Gerd", die ich produzieren lassen wollte, wird es nun auch nicht geben und auch sonst wird das Souvenirgeschäft wohl eher wieder rückläufig sein.

Wir werden auch die rauschenden Feste im Theater am Aegi vermissen, bei denen wir einen Blick auf geballte Prominenz werfen konnten. Einstmals, so erzählt man sich in Deutschland, stand unser Gerd vor dem Zaun des alten Kanzleramtes in Bonn und rüttelte daran. „Ich will rein!" soll er gerufen haben und dieser absolute Wille zur Macht hat uns zutiefst gerührt. Und er hat es tatsächlich geschafft! Nun hat er wieder am Zaun gerüttelt. Dieses Mal aber in Berlin und an der anderen Seite. Und er hat es wieder geschafft! Gerd! Was hast du uns, deinen Hannoveranerinnen und Hannoveranern, nur damit angetan!
**Ihre Klara**
*P.S.* Lediglich die BewohnerInnen des Zooviertels, wo Gerd tatsächlich wohnte, werden sich womöglich freuen, dass die Wohnungsmieten wieder auf ein erträgliches Maß zurückgehen.

## Urlaubsstress

Früher wurden mir meine Urlaube immer etwas verleidet durch die vielen Postkarten, die ich schreiben musste: An Mutter und Kinder, Freundinnen, Kolleginnen, den Chef, entfernte Bekannte und Verwandte. Da kamen schon so 30 – 40 Karten zusammen, macht bei 10 Minute pro Karte 6 1/2 Stunden, nicht gerechnet der Kauf und der Gang zum Postamt. Fast eine Stunde täglich war ich dadurch beschäftigt. Das habe ich irgendwann abrupt beendet und mitgeteilt, ich würde nun gar nicht mehr schreiben.
Och, sagte meine Freundin, keine Karte? Mama, nur eine, insistierte meine Tochter. Und so kamen immer

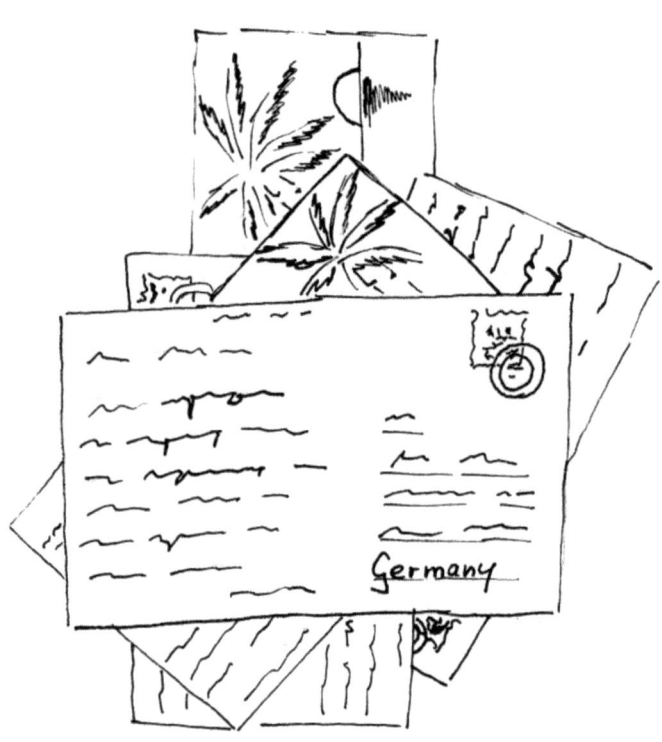

noch 20 zusammen. Doch dann bekam ich, vor langer Zeit, einen E-Mail Anschluss und sah das Ende meines Leidens gekommen. Eine E-Mail über einen Verteiler und schwupps: Alle sind zufrieden und mit Post aus dem Urlaub versorgt. So flog ich, nachdem ich zwei Wochen lang mit Konfiguration und Installation meines Internetanschlusses beschäftigt war, hoffungsfroh in die Sonne.

Im Hotel erfuhr ich dann, dass sich das nächste Internetcafe leider noch im Nachbarort befände. „Ein Spaziergang von einer Stunde. Nein, ein Bus fährt dort nicht hin." Seufzend machte ich mich am dritten Tag auf den Weg. Besorgte Mails erwarteten mich: Ob ich auch gut angekommen sein? Ich hätte ja noch gar nichts von mir hören lassen. Meine Mutter bat, ich möge doch alle zwei Tage melden, ob es mir gut ginge. Und meine Kollegin wollte mit mir bereits Termine für die Zeit nach dem Urlaub absprechen. Also pilgerte ich alle zwei Tage in den Nachbarort um alle Mails abzuholen und zu beantworten. Dazu kamen dann noch 20 Postkarten für diejenigen Menschen, die ich nun wirklich nicht mit einer unpersönlichen Sammelmail abspeisen kann.

Mittlerweile habe ich einen Blog und alle sind damit zufrieden. Niemand erwartet mehr Postkarten. Zumal ich ja auch noch aktuelle Fotos hochladen kann. Und da es fast überall auch einen Internetzugang gibt, sehe ich meinem jetzt anstehenden 6-wöchigen Urlaub in Australien gelassen entgegen.

Heute jedoch, bei unserer Verabschiedung für die kommenden sechs Wochen, sagten zwei Freundinnen der jüngeren Generation: „Und nur, dass du es weißt:

Wir bekommen gerne Postkarten aus fernen Ländern." Nein, nein, eine Postkarte nur mitbringen sei nicht dasselbe. Auch nicht, wenn ich sie erst in Hannover abschicke, wie mein Vorschlag war. Und sie beschrieben ausführlich wie schön es ist, den Briefkasten aufzumachen, und eine Postkarte darin zu finden, mit einer Briefmarke und einem Stempel darauf aus einem fernen Land. Das sei im Zeitalter des Internets doch etwas ganz Besonderes.
**Ihre Klara**
*P.S.* Ich werde die Postkarten schreiben. Versprochen! Das soll aber bitte keine Schule machen.

## Vom Älterwerden
„Ich fühle mich längst nicht so alt, wie ich bin." Wer hat das nicht schon einmal gesagt? Leider nehmen uns andere Menschen sehr viel realitätsgerechter wahr und auch durch den Kontakt mit Jüngeren kann man, oder zumindest ich, der bitteren Wahrheit nicht entkommen: Ich zähle mit 61 definitiv zu den Seniorinnen
Dem ging aber eine Entwicklung voraus mit Reaktionen meiner Mitmenschen, die mir schon immer vor Augen hielten, dass auch ich keineswegs dazu neige ewig jung zu bleiben  oder wenigstens so zu wirken.
Als ich als junge Lehrerin mit 24 Jahren meine erste Stelle antrat, waren die Eltern meiner SchülerInnen in etwa 10 Jahre älter als ich, und ich die jüngste im Kollegium. Damals aber fühlte ich mich, mit einer kleinen Tochter, jedoch schon relativ alt.
10 Jahre später, ich fühlte mich immer noch wie 24 und definitiv jünger als damals, waren die Eltern der SchülerInnen und ich  gleich alt, und das dauerte auch

noch eine ganze Weile, weil es ja nicht nur junge Eltern gibt. Zu dieser Zeit reiste ich mit Rucksack um die Welt und befand mich unter meinesgleichen. Das heißt, eine ziemlich lange Zeitspanne musste ich mich nicht mit dem Älterwerden auseinander setzen und konnte der Illusion ewiger Jugend frönen. Mal war ich etwas jünger als alle anderen, mal etwas älter. Und ich hielt mich von SeniorInnen und Teenagern im Wesentlichen fern.

Doch dann vor 15 Jahren bemerkte ich mit Schrecken, dass die jungen KollegInnen so alt waren wie meine Tochter. Mit der reiste ich 1995 mit Rucksack durch Malaysia, und die Traveller und Travellerinnen waren nun so alt wie sie, während ich bewundernd – skeptisch beäugt wurde. „Sie in Ihrem Alter!" Eindeutig älter eingeschätzt als ich mich fühlte, wurde ich gesiezt. Vor 6 Jahren nun hatte ich den Enkelsohn einer Kollegin im Unterricht und die jüngeren KollegInnen waren nun gut 10 Jahre jünger als meine Tochter. Und auf der letzten Rucksackreise wurden mein Mann und ich mehrfach gefragt, ob wir schon in Rente seien.

**Ihre Klara**

**P.S.** Dort wo es Seniorenermäßigungen ab 65 gibt, bekomme ich sie mittlerweile, ohne dass ich nach meinem Ausweis gefragt werde. Das allerdings kränkt mich doch ein wenig.

## ... es weihnachtet sehr.

Ich lag noch bei spätsommerlichen Temperaturen an den Kiesteichen, als sie auch schon im Regal standen: Die Weihnachtsmänner, die Lebkuchenherzen und die Dresdner Stollen. Auch einzelne Kneipen hatten schon

Tannenbäume dekoriert, so als könnten sie nun gar nicht mehr abwarten, dass es Heiligabend wird. Einen Monat später gab es dann auch schon ‚jingle bells' in den Kaufhäusern zu hören, die Lichterketten waren aufgehängt und alle Hannoveranerinnen und Hannoveraner bereiteten sich auf den Megakonsum für Weihnachten vor.

Meine Freundinnen stöhnten, dass nun der absolute Stress einsetzen würde und überhäuften mich mit Fragen, was sie Schwiegereltern, Ehemännern, Kindern schenken sollten, und ob ich da nicht eine Idee hätte. Gelassen winkte ich ab.

Seit meine Tochter vor zwei Jahren durchgedrückt hat, dass wir in unserer Familie zum Weihnachts - Konsum - Boykott antreten, sprich uns nichts mehr schenken, erwarte ich Heiligabend mit einer nie gekannten Gelassenheit, denn da findet keine Bescherung statt, sondern nur ein gemütliches Essen mit Familie und FreundInnen. So sechs bis 10 Personen sind es immer und alle tragen zum Essen bei, sodass ich auch nicht viel Arbeit habe. Kein Stress, kein Generve, ich kann mich in der Vorweihnachtszeit ganz der Zeit der Einkehr und der Stille widmen, an den Adventssonntagen die Kerzen anzünden, den Samowar in Betrieb nehmen und mit meinen Lieben gemütlich plauschen.

Letztes Jahr allerdings überraschte mich meine Mutter mit einem etwas üppigeren Nikolauspaket. Auf meinen Einwand hin, dass wir uns nun aber wirklich nichts schenken wollten, sagte sie, dass sei mit ihren 83 Jahren der Altersbonus. Da brauche sie sich an solche Absprachen nicht mehr zu halten. Und wie stand ich da? Mit leeren Händen! Gott, war mir das peinlich! Damit

mir das nicht noch einmal passiert, werde ich mich dieses Jahr auch auf meinen Altersbonus berufen, und für meine Mutter ebenfalls ein überdimensionales Nikolauspäckchen packen.
**Ihre Klara**
***P.S.*** Haben Sie eine Idee, was ich meinem Ehemann, meiner Tochter, meinen Schwiegereltern, meinen drei liebsten Freundinnen, meiner Lieblingscousine und meinem Enkelsohn zum Nikolaus schenken kann?

## Wer einmal lügt ...
... dem glaubt man nicht, und wenn er auch die Wahrheit spricht.
Dieses Sprichwort ist wohl jedem / jeder bekannt. Trifft das jetzt auch auf Karl Theodor zu Guttenberg (der besseren Lesbarkeit wegen kurz KTG) zu? Behauptete er doch noch zu Anfang der „Affäre Guttenplag", die Vorwürfe des Plagiats seien „abstrus" (Lüge! - die er damit entschuldigt, dass er schließlich nicht eine fremde Arbeit komplett übernommen und als seine ausgegeben hat), so musste er später „erhebliche Mängel" (Lüge!) zugeben. Und schließlich wurde ihm der Doktortitel aberkannt. Da war er dann erst bei der Wahrheit. Zuviel abgeschrieben! Lügen haben kurze Beine, heißt es. Das hätte auch KTG wissen müssen, spätestens bei diesem dritten Mal, nach den Affären Kundus und Gorch Fock, wo er ja auch gelogen hat.
Das erste Sprichwort aber müsste, nach den aktuellsten Erkenntnissen heißen: Wer einmal lügt, dem glaubt man noch, auch wenn er weiter lügt, doch, doch!

Schließlich wird ein Mensch ja nun nicht nach seinen / ihren Taten gemessen, sagt die Kanzlerin und die Mehrheit der bundesrepublikanischen Bevölkerung. Oder gilt auch das auch wieder nur für Herrn zu Guttenberg? Für die Bischöfin Käßmann galt es nicht. Sie sagte, sie könne nicht mehr mit der angemessenen Autorität im Amt bleiben. KTG und die Kanzlerin sehen das anders. Frau Merkel meint, sie hätte schließlich keinen wissenschaftlichen Assistenten eingestellt. Nun ja, die Kirche hatte mit Frau Käßmann auch keine Fahrerin eingestellt. (Diese Aussage ist ein Plagiat, weil sie in der Fragestunde des Bundestages geäußert wurde.)
„Britt", eine der früheren mittäglichen Talkshows, hatte einen Lügendetektor. Dort wurden die Mitspielenden dann befragt: Haben Sie ihn je betrogen? Lüge oder Wahrheit? Lieben Sie sie noch? Lüge oder Wahrheit? Ist das Kind wirklich von Ihm? Lüge oder Wahrheit?
Der Lügendetektor lässt sich nicht belügen. Und das Publikum zitterte immer mit bei der entscheidenden Frage und seufzte erleichtert oder buhte, je nachdem, ob gelogen wurde oder nicht.
Vielleicht wäre es eine gute Idee, KTG bei zukünftigen Reden im Bundestag auch an so einen Lügendetektor anschließen. Das würde den ganzen Vermutungen, Vorverurteilungen Einhalt gebieten. Man wüsste es nämlich gleich: Lüge oder Wahrheit? Aber vielleicht lügt selbst der Lügendetektor bei KTG dann auch und sagt immer nur „Wahrheit". Das könnte im Kanzleramt sicher jemand so programmieren.
Und so müssen wir die noch offenen Fragen für uns selbst beantworten, so lange sie nicht zu beweisen

sind. Denn dann, aber auch nur dann, würde KTG Fehler eingestehen und sich entschuldigen. Und stünde wieder als Held da, weil eine Entschuldigung ja ausreicht und vorbildlich ist.

Hat er also tatsächlich die Arbeit selber geschrieben? Nun, das einfache Tippen und „copy und paste" traue ich ihm noch zu. Aber hat er sie tatsächlich selber VERFASST? Das wurde leider nicht gefragt. Aber er hätte sicher mit „Ja" geantwortet. Lüge oder Wahrheit?

Hat er seine Doktorarbeit am vergangenen Wochenende wirklich gründlich durchgelesen und geprüft? Geht das überhaupt bei über 400 Seiten an einem Wochenende? Lüge oder Wahrheit?

Bewusst getäuscht habe er nicht. Ach, rund 68 % der Arbeit irgendwo abgeschrieben, ohne entsprechende Fußnoten, und das nur „unbewusst"? Lüge oder Wahrheit? Sigmund Freud hätte seine Freude daran.

Ich nahm am Tag nach der Fragestunde im Bundestag einen jugendlichen Anhalter mit. Zu der „Affäre Guttenberg" von mir befragt meinte er: Doch, doch, das sei ein toller Mann, der solle nur Verteidigungsminister bleiben.

Ach, sagte ich, dann finden Sie es richtig, wenn Hochstapler und Lügner im Bundestag bleiben dürfen?

So habe er das noch gar nicht gesehen. Ich ließ einen etwas nachdenklicheren Jugendlichen zurück.

**Ihre Klara**

*P.S.* Vielleicht sollte ich mir ja mal einen Adelstitel „ergaunern". Dann wäre ich eine Hochstaplerin. KTG würde es mir sicher verzeihen, denn: Gleich und Gleich gesellt sich gern.

## Emotional engagiert

In meinen Mann, den besten Ehemann von allen, habe ich mich unter anderem verliebt, weil er bei Herz - Schmerz - Schmalzfilmen schon mal die eine oder andere Träne verdrückt. Nicht nur, dass er es tolerant duldet, dass ich solche Filme, wie zum Beispiel Sissy, liebe, nein, er geht emotional mit. Mehr als ich, muss ich eingestehen. Im Kino holt er verstohlen sein Taschentuch raus, hält meine Hand und tupft sich die Tränen ab. Da kann ich es mir dann auch gestatten, ein paar Tränen zu verdrücken. Ich muss ja nicht befürchten, dass ich als sentimental verspottet und als typisch weiblich abgestempelt werde.

Nun hat diese seine Eigenschaft der totalen emotionalen Identifikation allerdings auch so ihre Besonderheiten, die erst beim gemeinsamen Fernsehen deutlich werden.

Der beste Ehemann von allen kann sich nämlich nicht, anders als im Kino, wo ihn jede und jeder hören könnte, eines Kommentars enthalten. Ständig begleitet er gefühlsbetonte packende Filme, besonders Krimis oder Psychothriller, mit dem, was seiner Meinung nach richtig ist oder auch nicht. Er schimpft gerne mal mit dem Hauptdarsteller oder lobt ihn, je nachdem, wie es in seine Wertvorstellungen von Männlichkeit passt. Natürlich ist er mit den Protagonisten identifiziert und sagt ihnen, was sie gerade falsch machen. Da hilft es auch nicht, wenn ich ihn mehrfach daran erinnere, dass es ja nur ein Film ist und die Schauspieler ihn nicht hören können.

„Ja", ruft er unvermittelt, „so muss es sein. Gut gemacht." Gerade hat „der Gute" „dem Bösen" eins auf die Nase gegeben. Ich möchte natürlich hören, was der jetzt sagt, aber wegen der Begeisterung meines Mannes ist das nur bruchstückhaft zu verstehen.

Eine Sexszene nach einem Streit? Das geht nun gar nicht. Das findet er nicht gut. Und schon erzählt mein Mann, wie er das in seiner ersten Ehe gehandhabt hat und dass er es nun, gereift und mit viel Erfahrung, alles ganz anders machen würde. Der spannende Dialog, der sich an besagte Filmszene anschließt, geht mir verloren.

Minuten später, bei einer passenden Szene, erfahre ich, dass er sich für seine Geschlechtsgenossen heftigst fremd schämt und die Zoten bei Männerabenden noch nie gut ertragen konnte. Darüber regt er sich gerne mal zehn Minuten auf. Gelegentlich sage ich „Psst!", aber das stoppt ihn leider nicht, emotional engagiert, wie er in solchen Momenten nun einmal ist.

Missbrauchsskandale rufen bei ihm jedes Mal, wenn sie im Fernsehen thematisiert werden, heftigste Empörung hervor. Da höre ich dann, dass er sich das nie hätte vorstellen können, und dass ich ihn da erst aufgeklärt hätte.

Mit Vergnügen erinnert er sich an unseren ersten Abend, als ich ihm einen hitzigen, emotional betroffenen Vortrag zum Thema Missbrauch gehalten habe. Ich habe damals geschimpft und gewütet ob dieses Themas, aber er ist trotzdem, gerade deswegen, wie er versichert, geblieben. Das alles berichtet er gefühlsmäßig noch einmal so, als sei es gestern gewesen. Welche Frau würde da nicht dahin schmelzen bei so viel frauenfreundlichem Verhalten? Den Krimi allerdings kann ich dann vergessen.

Begeisterungsstürme rufen auch die Filme hervor, die an der Nord- oder Ostsee spielen. Da war er nämlich schon mehrfach als Segler. Und dann erfahre ich nebenbei, zum x-ten Male übrigens, wie es dort war, wo die beste Fischbude ist und dass er an diesem oder jenem Ort schon mit seinem Bruder, wahlweise auch mit seiner Nichte, seiner Ex oder auch alleine war. Die Sonnenuntergänge waren ganz besonders schön. Zum Heulen schön! Und erst die stets frische Luft! Und wusste ich schon, dass er da eigentlich leben wollte, hätte er mich nicht kennen gelernt? Außerdem ist er mehrfach ganz gefährlich durch Stürme gesegelt und hat alles überlebt. Ein richtiger Mann eben. Und so hätte er auch gerne die Protagonisten des Filmes, wie er mir detailliert erklärt. Er weiß, wie ein Mann zu handeln hat.
Mittlerweile hat sich die Handlung des Films weiter entwickelt und ich habe Wichtiges verpasst. Natürlich höre ich trotzdem immer wieder aufmerksam zu, oder tue zumindest so. Mein Liebster ist nämlich auch gerne mal wortkarg, introvertiert, und Filme entlocken ihm immer spannende Details seines Lebens, die ich sonst vielleicht nie erfahren würde. Das ist schließlich wichtiger als der beste Film. Und sicherlich reden wir auf diese Weise mehr miteinander, als so manche Ehepaare.
**Ihre Klara**
*P.S.* Ich habe mir jetzt einen Fernseher mit Aufnahmefunktion gekauft. Wenn ich etwas Wichtiges verpasst habe, spule ich einfach zurück, wenn mein Mann mit seinen Berichten fertig ist. Auf diese Weise kann ich

mir den Film in Ruhe anschauen, wenn mein Mann, erschöpft vom vielen Reden, bereits im Bett liegt.

## Keine Barrierefreiheit bei der Wahl

Natürlich gehen wir wählen, ganz egal, wie das Wetter ist. Vielen ist es ja zu kalt, zu rutschig, zu nass, und dann bleiben die Niedersächsinnen und Niedersachsen zu Hause. Die Wahlen finden nämlich immer im Winter statt. Wären sie im Sommer, dann allerdings wäre es der Bevölkerung zu heiß, zu trocken, zu sonnig, und sie wären eher im Schwimmbad, am Maschsee oder in den Biergärten zu finden. So oder so bleiben die Wahllokale leer, Erklärungen finden sich immer. Und in aller Regel ist das Wetter Schuld. 57 % der Wahlberechtigten gingen 2008 wählen, 2013 waren es 59%. Immer noch nur etwas über der Hälfte der Wahlberechtigten.
Aber meine Familie gehört ja zu den bewussten Mitbürgerinnen und Mitbürgern, also gehen wir bei Wind und Wetter wählen. Es war wieder verschneit, kalt und rutschig, wie das eben so ist im Januar. Das hätte uns ja nicht gestört, aber Mutter hat mit fast 92 die zweite neue Hüfte bekommen und läuft an Krücken.
Also schwang ich mich, gar nicht umweltbewusst, aber was tut frau nicht alles, um wählen zu können, in mein Auto und fuhr meine Mutter die 300 Meter um die Ecke zum Wahllokal. Das befindet sich immer in der nahe gelegenen Grundschule, und inklusionsgerecht und barrierefrei gibt es eine sanft ansteigende Auffahrt bis vor die Eingangstür. An der Straße befand sich aber eine Kette mit großem Schloss. Die inklusionsgerechte, barrierefreie Auffahrt war gesperrt und so konnte ich

nicht vorfahren. Zu Fuß wäre es für Mutter aber zu gefährlich gewesen.
Also sprintete ich rein zu den Wahlhelferinnen und Wahlhelfern und bat um Hilfe. Sie seien nur ehrenamtliche Helferinnen und Helfer sagten sie mir, Bürgerinnen und Bürger so wie ich. Ich möge mich doch selber darum kümmern, dass meine Mutter wählen gehen könne. Nein, jemand aus irgendeiner Partei sei nicht da, außerdem habe wohl die Stadt Hannover das Hausrecht und da sei der Hausmeister zuständig. Ich möge ihn doch suchen. Ich muss sehr wütend ausgesehen habe, denn ein Wahlhelfer (der Einzige, die anderen waren Frauen) bequemte sich schließlich doch, mich zur Hausmeisterwohnung zu begleiten. Er klingelte auch noch persönlich. Vielleicht hielt er mich ja für zu sehgeschädigt, um den Klingelknopf zu finden. Er klingelte sogar nachdrücklich drei Mal, aber der Hausmeister war nicht da und die Kette konnte nicht aufgeschlossen werden. Einen Rollstuhl gab es auch nicht. Aber der hätte ebenfalls nichts genützt. Wäre ich nämlich auf der glatten Auffahrt ausgerutscht, so wäre meine Mutter holterdiepolter rückwärts wieder Richtung Straße gerollt und hätte sich an der Kette, die die Auffahrt versperrte, womöglich stranguliert.
So fuhr ich also meine Mutter die 300 Meter um die Ecke wieder nach Hause und setzte sie direkt vor der Haustür ab. Treppen steigen kann sie. Und aus Solidarität mit ihr habe ich auch nicht gewählt.
**Ihre Klara**
***P.S.*** Mein empörtes Schreiben an alle Parteien wurde nur von einer einzigen beantwortet. Raten Sie mal! Es war die CDU!

**Deutsche Gründlichkeit**
Hier in Deutschland ist die Lebenserwartung extrem hoch. Höher zum Beispiel als in allen Ländern Asiens, mit Ausnahme vielleicht von Singapur. Das liegt unter anderem an den hohen hygienischen Standards und Sicherheitsvorschriften, die wir haben. Da können wir richtig dankbar sein, dass wir nicht schon mit fünfzig sterben, sondern erst mit achtzig, neunzig oder sogar hundert. Das wiederum ist eine demographische Herausforderung, der begegnet werden muss. Unter anderem natürlich mit der Schaffung von Arbeitsplätzen, damit die Rente für uns Alte gesichert ist. Das aber scheint mir ein unlösbares Problem zu sein. Lassen Sie mich dafür ein Beispiel ausführlich darstellen.
 Mein Haus in der Südstadt Hannovers beherbergte bis vor drei Monaten eine Weinhandlung nebst einem Lager mit einem Aufzug für Europaletten in den Keller und dort vielen gemauerten Fächern für die Lagerung von Weinflaschen. Niemand störte sich an den nicht ganz trockenen Wänden, waren sie doch gerade für die Lagerung von Wein mit der leichten Feuchtigkeit ideal. Und der „Kellerrotz" an den Wänden, von der Lebensmittelkontrolle dereinst bemängelt, weil mit Schimmel verwechselt, wurde von der Weinkontrolle abgesegnet. Der Kellerrotz durfte bleiben, die Weinhandlung auch, und das seit 1954.
Jetzt ist das Weinlager ausgezogen und stattdessen möchten zwei engagierte junge Männer im besten Mannesalter in den Räumen Bier verkaufen, lagern und auch selbst brauen. Dafür benötigen sie eine Genehmigung für eine Nutzungsänderung. Und alles, was

bisher als unbedenklich galt, wird nun in Frage gestellt.

Ein erster Anruf bei der Baubehörde ergab, dass hier in der Straße ein Gewerbemischgebiet ausgewiesen ist und prinzipiell keine Einwände für eine Nutzungsänderung bestehen. Dies auch nicht für eine Brauerei, solange die Lebensmittelkontrolle keine Einwände hat. Das erschien mir ein leichtes, wurde doch bisher hier immer anstandslos Wein gelagert. Nun sollte es Bier sein.

Es folgte also ein Termin mit eben dieser Behörde für Lebensmittelkontrolle, vertreten durch einen freundlichen Beamten mittleren Alters. Der aber hatte so seine Vorschriften. Die Wände, der Fußboden und die Decke müssten für eine Lebensmittelproduktion, in diesem Falle Bierbrauen, abwaschbar sein. Sonst würde nichts genehmigt. Dieser Anstrich ist jedoch für die Kelleraußenwände ziemlich ungünstig, weil sie dann nicht mehr atmen können, die Bausubstanz geschädigt wird und ich mir mittelfristig definitiv den bisher vermiedenen Schimmel ins Haus hole.

Außerdem müsse der Raum hermetisch abgeriegelt werden, sagte der freundliche Beamte, damit keine Mäuse, Kakerlaken und ähnliches Getier hineinkämen. Der Vorschlag, meine Katze zur Ungeziefervernichtung nachts in den Keller zu lassen, wurde bedauerlicher Weise abgelehnt. Dabei ist meine Feline eine ausgezeichnete Mäusejägerin, die mir gelegentlich eine lebendige in die Wohnung bringt, damit ich sie dort fangen kann. Die Lebensmittelkontolle stört sich nicht daran.

Mir fielen auch die vielen Kakerlaken, Mäuse, Ratten und Spinnen in Asien ein, die sich dort nachweislich in den Küchen und auch Hotels tummeln. In diesen Ländern ist die Sterblichkeitsrate allerdings auch höher als in Deutschland und deshalb überzeugte uns die Vorschrift letztendlich.

Diese wiederum aber ist schwer umzusetzen in einem 300 m² großen Keller mit diversen Nebenräumen ohne Türen, denn somit gilt alles als ein einziger Raum, der wiederum so gut wie gar nicht vorschriftsmäßig zu streichen ist.

Also wurde beschlossen, in einen der großen Kellerräume einen Raum mit Gipskarton für die Brauzelle einzubauen, der dann innen abwaschbar gestrichen werden kann.

Als nächstes hörten wir, dass der restliche Keller für die Lagerung von Bierflaschen zumindest weiß gestrichen werden muss. Auch das ist ein Unterfangen bei feuchten Wänden. Die mit Lochziegelsteinen gemauerten Lagerfächerabtrennungen müssten auch weiß gestrichen werden, so hörten wir erstaunt, außerdem seien die Löcher in den Steinen zu verputzen. Es könne sich ja sonst Dreck an den Kronkorken ablagern, und der käme dann bei einer Öffnung der Flasche mit ins Glas. Das wiederum würde gesundheitliche Schäden nach sich ziehen und über die Krankenkassen die Solidargemeinschaft belasten. Das aber ginge nun gar nicht.

Angesichts der Diarrhoe, die in den Dritte-Welt-Ländern immer droht wegen der mangelnden Hygiene, schien mir auch das nachvollziehbar. Allerdings nicht einleuchtend war, weshalb unsere Kundinnen und

Kunden, die seit über 50 Jahren bei uns gekauft haben, nie über Durchfall nach dem Genuss von unserem Wein geklagt haben. Aber die Behörde wird schon ihre Gründe und auch Erfahrungen haben. Schließlich werden wir, wie oben schon erwähnt, in Deutschland sehr alt.

Also erkundigten wir uns. Ein hinzugezogener Maler gab die Auskunft, dass jegliche Farbe sowohl an den Wänden als auch auf dem Fußboden abblättern würde. Er würde den in Aussicht stehenden Auftrag aus diesem Grunde nicht annehmen.

Die rettende Idee war dann Kalkfarbe, eine Anregung des Architekten, der mittlerweile die ehemaligen Ladenräume im Haus bezogen hat. Eine Anfrage in einem Fachgeschäft ergab, das sei möglich.

Ein zweiter Termin mit dem freundlichen Lebensmittelkontrolleur wurde vereinbart, um einen Probeanstrich an den Wänden zu begutachten. Das wurde überraschenderweise abgesegnet, dafür wurden aber die circa 100 m² Holzbretter, die als Böden in den Fächern liegen, bemängelt. Da könne sich ja auch etwas ansiedeln, was sich dann in den Kronkorken der Bierflaschen wiederfinden würde. Deshalb müsse das nun definitiv Kunststoff sein, aber dann stände einer Genehmigung nichts mehr im Wege. Nun ja, unsere Kunden und Kundinnen hatten sich nie beschwert, wahrscheinlich, weil der Keller regelmäßig ausgeschwefelt wurde. Aber das gilt nach der neuen Verordnung nicht mehr.

Zusätzlich bekamen wir die Warnung, dass der Betrieb umgehend geschlossen werden müsse, wenn die Nachbarn sich über eine Geruchsbelästigung beschweren würden. Ich fragte mich, ob eigentlich dann auch Autos verboten werden müssten, wenn sich die AnwohnerInnen über den Gestank der Abgase beschweren? Eine sinnvolle Vorschrift wäre sicher, in Gegenden mit Beschwerden nur noch Elektroautos fahren zu dürfen. Auch Feuerwerke müssten wegen der Lärmbelästigung verboten werden, wenn die AnwohnerInnen sich darüber beklagen. In beiden Fällen aber wirken sicherlich ganz andere Kräfte als meine, die offensichtlich entsprechende Vorschriften umgehen oder auch gänzlich verhindern können. Die angedachte Lösung jedenfalls, eine Lüftung aus dem Keller heraus knapp über der Straßenoberfläche zu installieren, fiel in sich zusammen.

Wir bestellten einen Schornsteinbauer. Der Lebensmittelkontrolleur kam auch noch einmal dazu, vorsichtshalber mit einem Braumeister, ebenso ein Maler und ein Trockenbauer. Nun erfuhren wir, dass ein Edelstahlrohr an der Hauswand bis über den First gezogen werden muss, damit die Wohnungen der Nachbarhäuser nicht nach Bier riechen. Ich bin mir eigentlich sicher, dass etliche AnwohnerInnen das ganz nett fänden, aber so sind nun einmal die Auflagen. Außerdem müssen in dem hermetisch abgeriegelten Raum, der Brauzelle, vier Zentimeter dicke Fliesen liegen, rutschfest und hygienisch einwandfrei. Alle anderen besprochenen Auflagen bezüglich der kleinen Brauzelle verstand ich nicht, kann sie hier also auch nicht wieder geben.

Mich wunderte, dass die beiden Jungs im besten Mannesalter immer noch zuversichtlich waren, was die Installation einer Craftbier-Brauerei in meinem Haus betrifft. Aber wir dachten, nun sei alles geklärt und einer Genehmigung stehe nichts mehr im Wege.

Allerdings wurde uns empfohlen, einen Architekten hinzuzuziehen, der sich nicht nur partiell, wie die einzelnen Behörden, sondern mit den Vorschriften aller betroffenen Ämter auskennt und uns beraten könne.

Von diesem erfuhren wir, dass die Deckenhöhe des geplanten Brauraumes wegen der Vorschriften des Gewerbeaufsichtsamtes zwei Meter betragen müsse. Das könnte theoretisch von uns eingehalten werden, wenn nicht rutschfeste Fliesen mit einer Höhe von vier Zentimeter auf den Fußboden gebracht werden müssten. Das verringert die geplante Raumhöhe auf 1,98 Meter. Der Architekt stellte jedoch in Aussicht, dass es da eine Sondergenehmigung geben könnte. Allerdings dürften dann Angestellte nur einen begrenzten Zeitraum dort arbeiten und müssten die Möglichkeit haben, genügend Ruhephasen in Räumen mit Fenstern einzulegen.

Da die beiden Jungs im besten Mannesalter erst einmal kein Geld für Angestellte haben, wurde dieses Problem nach hinten verschoben. Außerdem meinten die beiden, globalisiert, wie diese Generation nun einmal ist, es gebe keine Probleme sondern nur, wie in Amerika, Herausforderungen, die zu lösen seien. Sie hatten meine vollste Bewunderung.

Danach begutachtete selbiger Architekt die Kellerräume und meinte, es müsse noch über Brandschutz nachgedacht werden. Es fehle ein zweiter Fluchtweg, falls im Treppenhaus Feuer ausbreche – obwohl es nicht aus brennbaren Stoffen gebaut wurde. Das war jedoch durch einen genialen Einfall schnell gelöst. Eine Leiter durch das Loch des Lastenaufzuges in das Erdgeschoss wäre der kürzeste und preiswerteste Weg. Mit einem Gipsbein dürfe dann aber niemand im Keller arbeiten.

Die Decke allerdings zum darüber liegenden Lagerraum entspräche nun aber wirklich nicht den Brandschutzauflagen. Besagte Decke müsse nämlich bei einem gewerblichen Betrieb F90 sein. Das heißt, es dauert 90 Minuten, bis das Haus bei einem Feuer zusammenstürzt. Immerhin Zeit genug, um alle darin befindlichen Personen zu retten, eigentlich auch die mit Gipsbein. Dafür müssten nun Stahlbetonträger in der Decke verankert sein, es sehe aber eher nach Stahlträgern aus. Die wiederum würden bei einem Feuer schneller schmelzen, und dann wäre das Haus mitsamt den BewohnerInnen futsch.

Diese Verordnung zum Brandschutz gibt es seit November 2012 und wurde, so vermute ich, anlässlich des Brandes in einer pakistanischen Fabrik eingeführt. Dort starben wegen fehlender Stahlbetonträger 250 Menschen bei einem Brand. Es kann aber auch sein, dass 9/11 im Jahr 2011 den Anstoß gegeben hat. Damals krachten die Wolkenkratzer in New York in sich zusammen, weil die Stahlträger eben keine Stahlbetonträger waren und in der extremen Hitze einfach so weg schmolzen. Durch die bei uns bestehende Brandschutzverordnung wäre der Keller also auch vor Terroranschlägen sicher. Wow! Stutzig macht mich ein wenig, weshalb die Behörden gute 10 Jahre brauchten, um aus den Erfahrungen in New York zu lernen und eine dementsprechende Vorschrift zu basteln. Gut Ding will offensichtlich Weile haben.

Der freundliche Architekt versprach, schnellstmöglich im Archiv die alten Bauunterlagen auf die Vorschriften hin zu prüfen. Vielleicht war mein Vater, ein kluger Mann, vor 60 Jahren schon sicherheitsbedacht und hat, in weiser Voraussicht auf eventuell anstehende Terroranschläge im 21. Jahrhundert, in der Kellerdecke schon besagte Stahlbetonträger eingebaut. Die Prüfung der Unterlagen durch den Architekten kann natürlich nicht gleich am nächsten Tag geschehen, sondern geht auch seinen behördlichen Gang. Nun warten wir ab, die Jungs immer noch hoffnungsfroh, ich eher angespannt.

Immerhin besteht für mich die Möglichkeit, vielleicht nicht nur neunzig, sondern 111 Jahre alt zu werden, weil das Haus, mit Ausnahme meiner Küche vielleicht, den neuesten Hygienevorschriften entspricht und auch den neuesten Sicherheitsstandards. Noch nicht einmal einen Terroranschlag muss ich fürchten.

Für mich ergibt sich nach diesen Erkenntnissen nun zusätzlich ein nicht zu lösender Wiederspruch. Durch die gründlichen Hygienevorschriften und Arbeitsverordnungen und Brandschutzmaßnahmen leben wir in diesem Lande sicher und lange. Dafür bin ich ausgesprochen dankbar. Dies setzt allerdings auch voraus, dass genügend Menschen Arbeit finden, die meine Rente dreißig, vierzig oder gar fünfzig Jahre lang bezahlen können. Nach den oben beschriebenen Erfahrungen scheint es allerdings nicht ganz einfach zu sein, die dringend benötigten Arbeitsplätze zu schaffen und somit auch das demographische Problem zu lösen.

Für mich persönlich gibt es neben der Aussicht, durch das Einhalten aller Auflagen 111 Jahre alt zu werden, demnach noch zwei weitere Perspektiven.
Erstens: Die Vorschriften werden gelockert, Arbeitsplätze geschaffen, die Rente wird bezahlbar, aber ich werde wegen mangelndem Brandschutzes oder mangelnder Hygiene das achtzigste Lebensjahr voraussichtlich nicht mehr erleben.
Zweitens: Wenn die Vermietung der Räumlichkeiten in meinem Haus an den Vorschriften scheitert, dann ist meine geplante Altersvorsorge (die Miete der Räume sollte meine Rente ergänzen), durch mangelnde Einnahmen nicht gesichert und ich falle der Solidargemeinschaft zur Last. Da aber ebenfalls wegen der Vorschriften keine neuen Arbeitsplätze geschaffen werden können, ist die Solidargemeinschaft pleite und ich kann keine staatliche Unterstützung bekommen, weil die Kassen leer sind, und werde somit hungers sterben - ebenfalls vor dem achtzigsten Lebensjahr.

**Ihre Klara**

PS: In Frankreich gibt es nicht diese strengen Vorschriften wie in Deutschland. Trotzdem liegt die Lebenserwartung für Männer 0,3 Jahre und für Frauen 2,5 Jahre höher als bei uns. Was sagt uns das?

## Die Freigängerin

Feline ist die Nachfolgerin von Charly, der sich eines Tages ein anderes Zuhause suchte. Wahrscheinlich gab es dort das bessere Futter. Feline nun sollte nicht dasselbe Schicksal erleiden. Und so montierten wir die Katzentreppe vom ersten Stock hinunter in den Hof ab. Feline jedoch büchste mehrfach bei einer versehentlich offen gelassenen Tür aus und demonstrierte so ihr Freiheitsbedürfnis. Seufzend montierte ich also die Katzentreppe wieder an und Feline wurde eine Freigängerin. Das ist in der Stadt ziemlich ungewöhnlich. Und es sorgt bei der Südstadtbevölkerung für etliche Irritationen.

Es fing damit an, dass Feline zufrieden mit sich und der Welt mehrere Tage hintereinander in einer Seitenstraße in der Sonne lag. Ich war verreist und meine Mutter war zuständig. Eine besorgte Nachbarin, die offensichtlich wusste, wohin Feline gehört, benachrichtigte die Polizei. Diese stand dann bei meiner Mutter vor der Tür und meinte, die Katze sei krank. Sie würde sich ja gar nicht mehr bewegen. Nun ist es so, dass Feline sich nicht so schnell aus der Ruhe bringen lässt. Das jedoch scheint sehr ungewöhnlich zu sein. Feline kam also in die Tierärztliche Hochschule und von dort wurde meine Mutter angerufen. Die Katze sei gesund und sie möge sie doch abholen. Nun ist das nicht so ganz einfach mit 93 Jahren und ohne Auto. Taxifahrer weigerten sich, Feline zu transportieren, also wurde sie von einer mitleidigen Ärztin nach Hause gebracht. Kaum angekommen fraß sie, zufrieden mit sich und der Welt, und ging wieder auf Tour.

Das nächste Mal, ich war gerade wieder einmal verreist, rief das Tierheim in Langenhagen meinen Mann an. Dort sei eine Katze abgegeben worden, ob es seine sei. Sie war es! Ein mitfühlender Bürger hatte sie nachts auf der Straße gesehen, gemeint, sie sei weggelaufen, und deshalb ins Tierheim gebracht.

Als Feline wieder einmal nicht nach Hause kam, rief der beste Ehemann von allen gleich im Tierheim an, für den Fall, dass sich jemand melden würde. In der Tat. Feline war nächstens 2 Kilometer weit gelaufen und dann einem netten Mann, der sie gestreichelt hatte, bis in die Wohnung gefolgt. Sie ist nämlich nicht nur eine zufriedene Katze, sondern auch eine neugierige. Der beste Ehemann von allen holte sie wiederum dort ab.

Kaum war ich zurück aus meinem Urlaub, kam Feline eines Morgens wieder nicht nach Hause. Also: Tierheim und Polizei anrufen. Falls jemand eine Katze gefunden hat ... Sie kennen Feline ja jetzt schon. Kurz darauf kam bereits ein Anruf aus einer Nebenstraße. Feline war bei drei netten Männern in der Wohnung gelandet. Die hatten sie nächtens vor dem Supermarkt gesehen, gestreichelt, und schwupps ist Feline hinter ihnen her in die Wohnung. Vielleicht dachte sie, dass es dort besondere Leckerlis gibt. Und die netten Männer dachten, sie sei ausgesetzt worden weil sie trächtig sei – Feline wird von mir gut versorgt!

Nun kaufte ich einen Adressanhänger. Zwei Tage später kam ein Anruf von einem netten Mann. Er habe eine Katze und unsere Telefonnummer sei darauf. Ja ja, vielen Dank, dass Sie sich gekümmert haben. Der Adressanhänger fand sich später in unserem Briefkasten, weil der nette Mensch ihn nicht wieder zumachen konnte.

Daraufhin habe ich Feline ein kleines folieneingeschweisstes Schild umgehängt. Deutlich sichtbar. Sie stört es nicht, zufrieden wie sie ist. Darauf steht gut lesbar, dass sie Freigängerin ist und meine Telefonnummer. Am nächsten Tag kam ein Anruf von einer besorgten Frau. Sie habe meine Katze gefunden, die habe ganz jämmerlich gemaunzt. Beide, Katze und Frau, befanden sich auf der gegenüberliegenden Straßenseite meiner Wohnung. Offensichtlich wollte Feline die Frau bewegen, ihr die Haustür aufzumachen. Feline ist nämlich nicht nur zufrieden und neugierig, sondern zuweilen auch faul.

Heute kam der nächste Anruf von einem Mann. Er habe da eine Katze, ob das meine sei.

Ob das jetzt so weiter geht? Irgendwann muss doch eigentlich die ganze Südstadt wissen, dass Feline zu mir gehört und mitnichten ausgesetzt wurde. Aber das kann noch dauern. Die Südstadt hat nämlich rund 41000 EinwohnerInnen.

**Ihre Klara**

***P.S.*** Wir haben ein eigenes Telefon mit AB für Feline gekauft. Dort bedanken wir uns dann für jeden Anruf und bitten darum, Feline wieder auf die Straße zu lassen, damit sie nach Hause kommen kann. Das klappt hervorragend.